「大転子ランニング」で

走れ！マンガ家53歳でもサブスリー

みやすのんき

まえがきにかえて
２０１５年シーズンから２０１６年シーズンにかけての意地と維持の戦い～前編～

まずは感謝の言葉を。前著『走れ！マンガ家ひぃこらサブスリー』を読んで自己ベストを更新したとの報告をたくさんいただきました。また、ケガや痛みから立ち直れたという言葉も多くいただきました。自分のことのように嬉しかったです。前著の出版企画が通ったのが２０１５年10月。「２０１６年冬～春のマラソンシーズン前には本屋さんに並べておきたい」という編集さんの思惑から２０１５年12月の発売予定に合わせるために、エントリーしていた２０１５年秋のつくばマラソン※を泣く泣くＤＮＳ※して、慣れたマンガではなく文章の執筆に２カ月間没頭していました。文章とイラストを全て書き下ろしです。ずっとパソコン相手に文字を打つ日々が続きました。文章が終わると間髪入れずにイラストに取り掛かります。こんなに忙しい日々は月刊少年ジャンプで『やるっきゃ騎士《ナイト》』と週刊ビッグコミックスピリッツで『冒険してもいい頃』を同時連載してた以来だな……。そう思いました。

当然その２カ月はほとんど走れず、昼夜逆転、ストレスで暴飲暴食の不摂生な生活になってしまっていました。テキサス大学オースティン校の研究によると、苦労して手に入れた

※つくばマラソン…茨城県つくば市で毎年 11 月下旬の日曜日に開催されるマラソン大会。フルマラソン（42.195km）と 10km の 2 種目を実施している。日本陸上競技連盟公認コース。コースの高低差が少なく自己ベスト記録を出しやすいと評判。
※ DNS…Do Not Start の略。不出走のこと。

最大酸素摂取量（VO_2max）などのパフォーマンスは、トレーニング停止後約12〜21日で7％低下、21〜84日でさらに9％低下し、この時点で数カ月トレーニングを行っている選手のパフォーマンスを下回ったとのことです。自分の中では走力はそう簡単に落ちないだろうと踏んでいたのですが、今まで構築してきた最大酸素摂取量は気づかない間にガタ落ちになっていました。原稿の〆切りが終わってからも本屋さんへのＰＯＰ作成やら何やらで12月もつぶれ、年末の忘年会シーズンに巻き込まれてさらに飲んだくれの日々が続きました……。

すでに次のレースは２０１６年３月の板橋ＣＩＴＹマラソン※にエントリーしていました。春のレースは厳しい冬の時期に走り込みに入ります。寒いから手袋やら厚手のウェアやらで重たいまま走ります。寒さに弱いランナーには厳しい時期でしょう。北国のランナーたちは路面の凍結や雪に覆われるなど悪条件があるため練習面での工夫が必要でしょう。２０１６年に入ってようやく練習を再開したのですが、もう自分の身体が自分のものではないような重たさで息もすぐに上がりました。震えるような寒さの中、ジョグの身体慣らしから開始しましたが、ランニングクラブの練習に参加しても何度も置いてきぼりを食らいました。いつも背中を追い続けていた、クラブの先輩であるＫさんやＮさんについていけず焦る日々。サブスリーを達成するにはキロ４分15秒を維持しなくてはいけません。最

※板橋 CITY マラソン…東京都の板橋区から墨田区までの荒川河川敷で毎年 3 月下旬の日曜日に開催されるマラソン大会。日本陸上競技連盟公認コース。5km、ジュニア 3km、キッズラン 500m・1km・1.5km、車いす 1km の部も併催。コースは比較的平坦だが強風に泣かされることも多い。

初はキロ5分20秒（フルマラソンで3時間45分）のグループすら精一杯。「こんなはずじゃない……」そう思っても怠けていた身体は正直です。もがけどもがけど、苦しいばかりでなかなか速くならない。

でもこれがランニングのいいところ。努力に応じて結果を導いてくれます。それは万人に対して平等です。地位も名誉も今までの栄光も記録も一切関係ありません。会社の社長だって有名人だって、お金やコネで足が速くなるわけではありません。私は練習を怠けていたのですから走れなくなったのは当たり前。現状を受け入れなくてはいけません。

徐々に心肺は楽になってきたと思いつつ参加した皇居練習会でもキロ4分30秒を5㎞（皇居一周）でいっぱいいっぱい。集団から脱落して1人でのジョグになってしまいました。何とかスピードが戻ってきたと感じられるまでずいぶんとかかりました。ただ、トレーニングを継続的に行ってきた人の方が、そうでない人に比べてゼロからパフォーマンスを取り戻す速度も早いと報告されています。それを信じて3カ月頑張りました。しかし30㎞以上のロング走の練習を2回ほどしかできず、スピード持久力に不安を抱えながらレース当日を迎えました。

板橋ＣＩＴＹマラソンの当日は、朝は寒く、風も強く、昼近くはかなり暑くなるという寒暖差が大きな日でした。もう3月に入るというのにスタート時は心底身体が冷えてしま

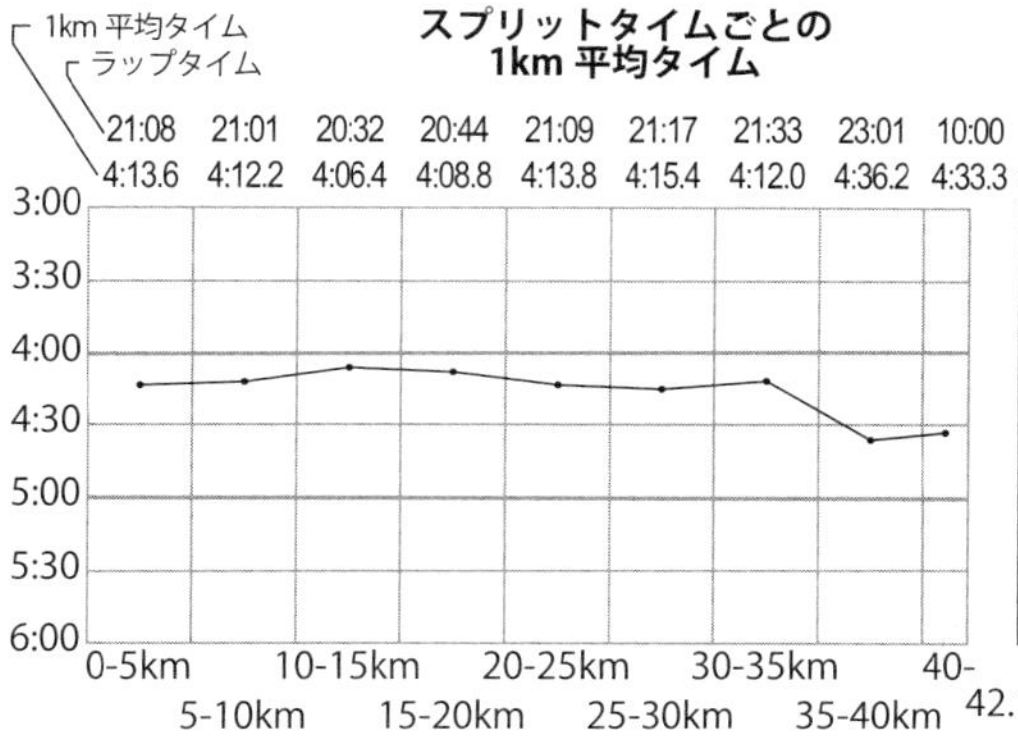

通過点	スプリットタイム	ラップタイム
5km	0:21:08	0:21:08
10km	0:41:40	0:21:01
15km	1:02:24	0:20:32
20km	1:23:33	0:20:44
中間	1:28:07	
25km	1:44:50	0:21:09
30km	2:06:23	0:21:17
35km	2:29:24	0:21:33
40km	2:52:20	0:23:01
Finish	3:02:20	0:10:00

2016 板橋 CITY マラソン結果

いました。暑くなることばかり頭にあったので防寒対策は全くしていなかったのです。それがよくなかったのか途中から腹痛が起きてしまい、33kmあたりでトイレに駆け込んでしまいました。本当にマラソンは何が起こるかわかりません。人生の縮図です。折り返し地点で応援してくれていたクラブの先輩Tさんから後で「サブスリーの設定タイムはクリアしていたけど、妙に汗だくで顔にも余裕がなかった」と言われました。懸念していた30km以降は、足もこわばりランニングフォームも崩れてしまった印象です。後半は暑さも向かい風もありました。給水所で何度となくコップの水を頭からかぶりました。よろよろと進む最後のゴールゲートまでの直線で、2:59:59から3:00:00になる瞬間が遠目に見えました。結果は3時間02分20秒。それなりに頑張りましたがサブスリー

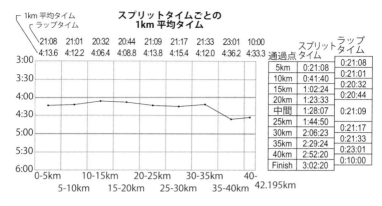

には届きませんでした。

「やってしまった……。実業之日本社の編集さんになんて言えばいいんだろう」

ゴール地点には大会が用意したカメラマンが陣取っています。呆然とした半笑いでゴールする私が情けなく写っていました。

天気　曇　気温（午前9時）13度
湿度45%　北北西の風0・7m
平均ペース：4分19秒27
ハーフ通過：1時間28分07秒
グロスタイム：3時間02分20秒
ネットタイム：3時間02分13秒

第二弾を出すには、また大会でサブスリーを出すことが前提です。そうでなければタイトルに「サブスリー」だって謳うことはできない。何年も前に出した記録で、実績のある監督でも元選手でもない一介のマンガ家の自分が偉そうに本を出版なんてできない。52歳の次は今年、53歳の自分がサブスリーを達成していなくては説得力がない。そう自分自身にハードルを課していました。

「第二弾は2016年の秋より前に出せばいいじゃないですか。今度は夏前から執筆を開始して秋のマラソンシーズンに間に合わせて出版できたら最高ですね！」

それには、2016年の春先のレースまでにサブスリーを出す必要がありました。編集さんの笑顔が思い浮かびました。そして「やってしまった……」と再度つぶやき、ゴール脇の荒川土手の芝生に座り込んでしまいました。そのシーンも写真に撮られていました。情けない。

4月に入って気温も20度を超すようになると、マラソン大会で走ってもあまりタイムは望めなくなってきます。気温が高いと心拍数は高くなり、身体のグリコーゲンの消費も急激に増加します。また、深部体温の上昇と発汗による脱水で身体能力の低下も大きいのです。板橋CITYマラソンの疲労が抜けた頃には季節はすでに春から夏に移り変わろうとしていました。サブスリーを狙える大きな公認大会もなくなってしまいました。

万事休すでした……。

第3章 大転子ランニングのススメ

骨格の名称図

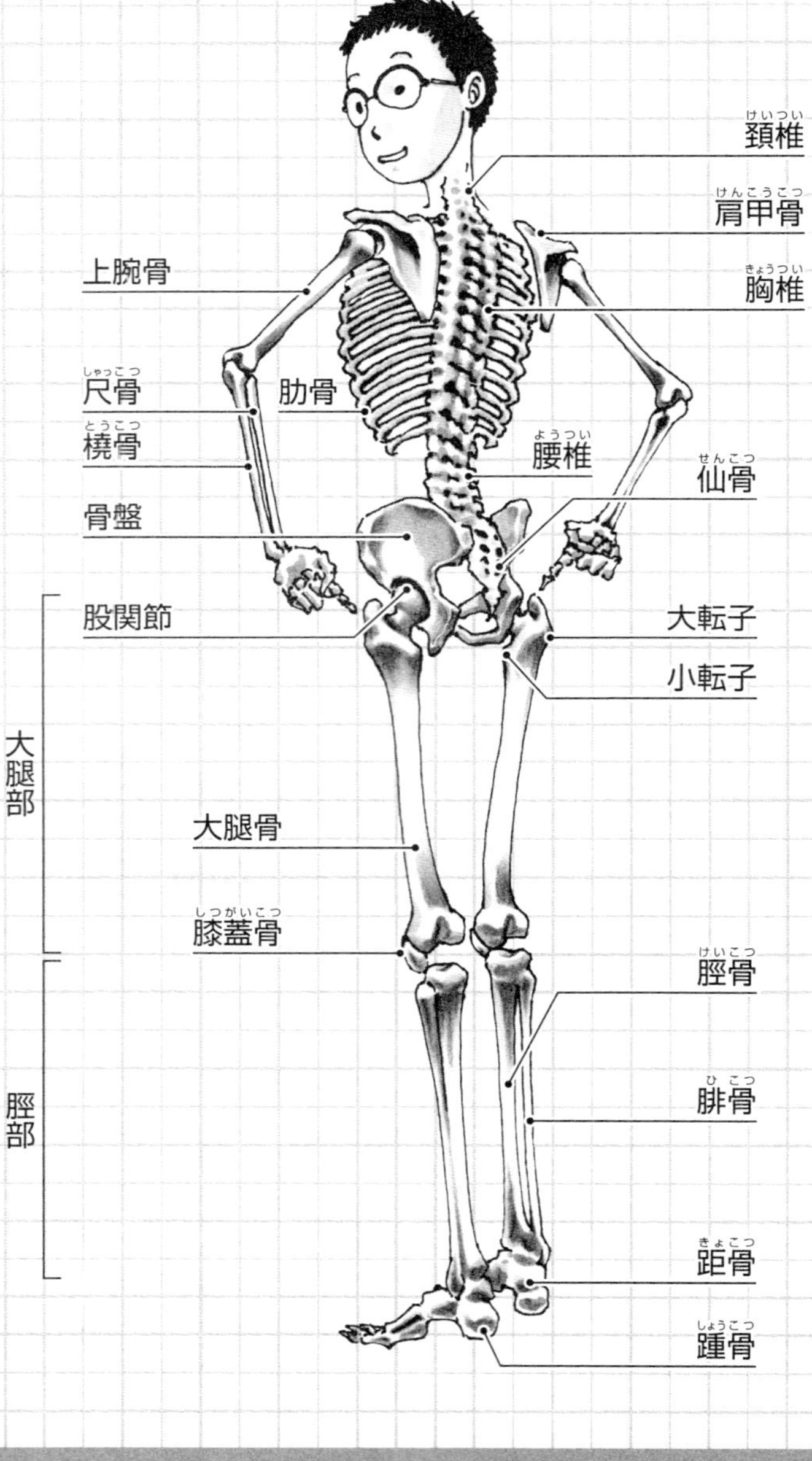

頚椎《けいつい》
肩甲骨《けんこうこつ》
上腕骨
胸椎《きょうつい》
尺骨《しゃっこつ》
肋骨
橈骨《とうこつ》
腰椎《ようつい》
仙骨《せんこつ》
骨盤
股関節
大転子
小転子
大腿部
大腿骨
膝蓋骨《しつがいこつ》
脛骨《けいこつ》
脛部
腓骨《ひこつ》
距骨《きょこつ》
踵骨《しょうこつ》

下肢の筋肉名称および動作名称図

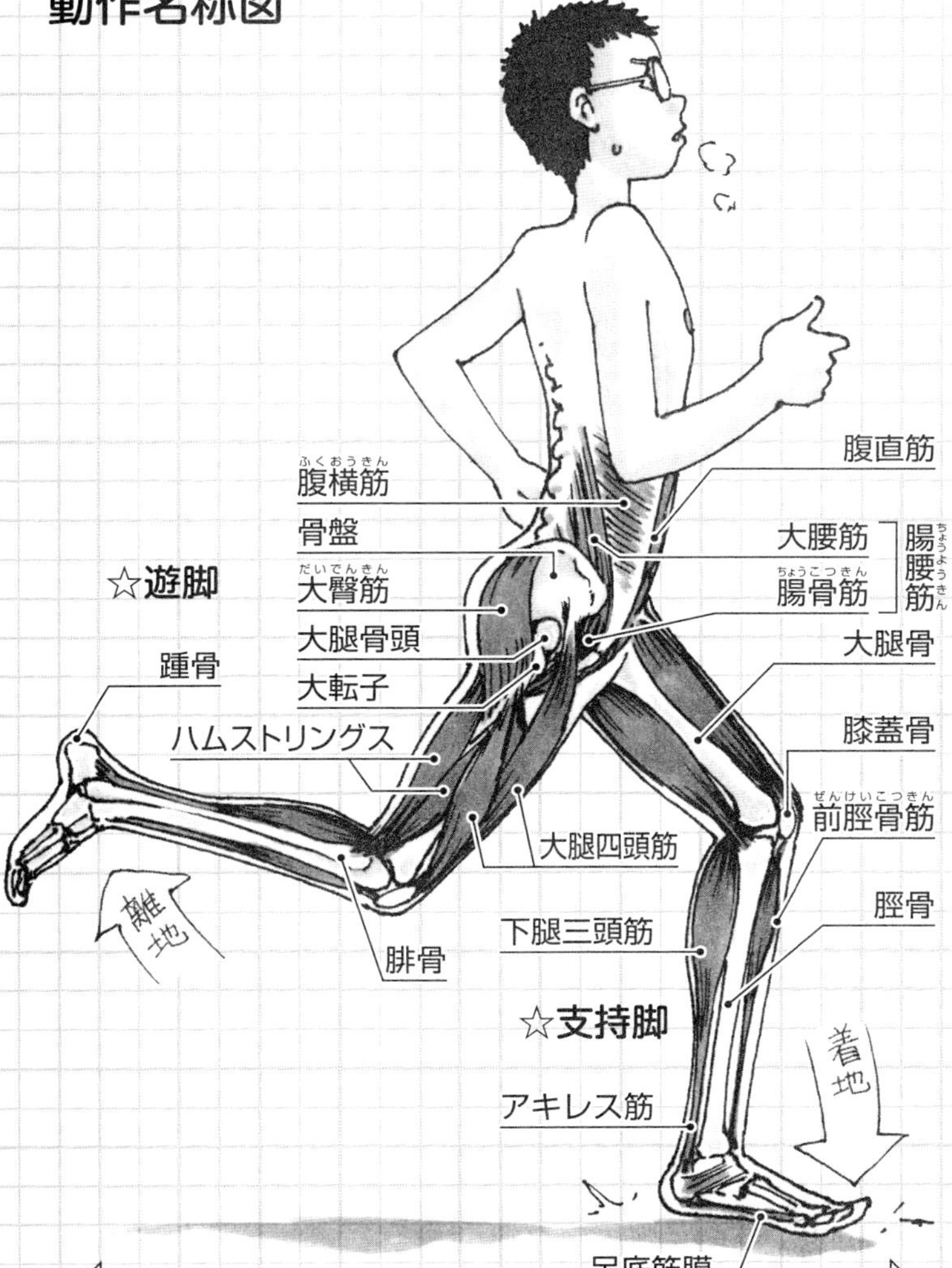

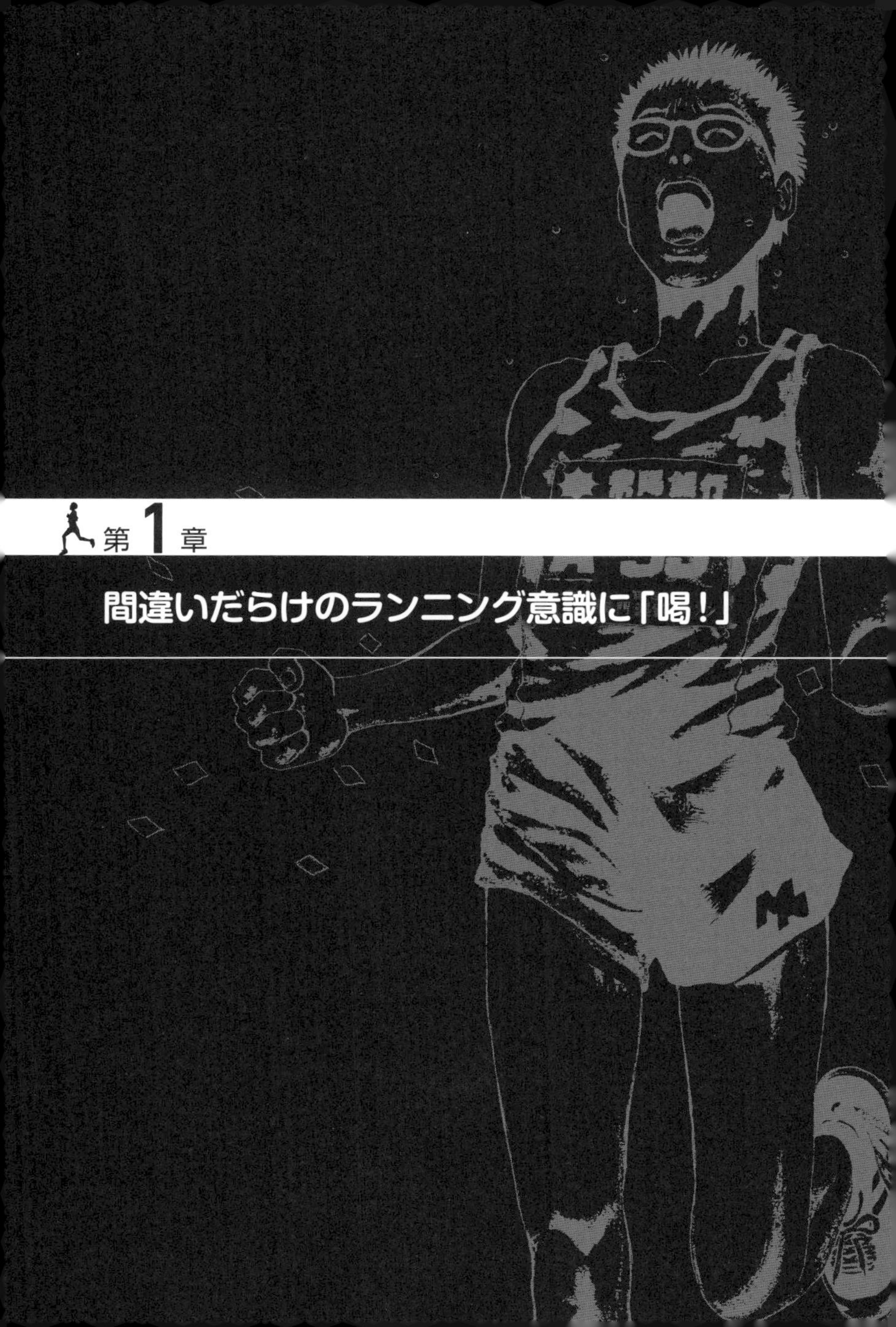

第1章

間違いだらけのランニング意識に「喝！」

1 股関節は真下じゃなくて横についている

●足はギッタンバッコンと前後に振られているわけではない

前著『走れ！マンガ家ひぃこらサブスリー』では「日本人は股関節がお尻の下についているという誤解をしていて、骨盤をうまく動かせていない」と書き、大きな話題になりました。お尻の下に股関節があり、足はギッタンバッコンと前後に振られるイメージで歩いたり走ったりしている人は多いと思います。しかし、実は股関節は骨盤の横についています。股関節が横にスライドして人間は歩いたり走ったりしているのです。そんなことはないという方は左ページの図をご覧ください。

前著では骨の観点から説明しましたが、今回は筋肉に注目してみましょう。こちらはお尻の筋肉がどのようについているか示した図です。ご覧のとおり、一番大きなお尻の筋肉、大臀筋は骨盤の中央部分、仙骨から大腿骨に向かって斜め横に走っていますよね。そして中を小臀筋や中臀筋、上下双子筋、内外閉鎖筋、梨状筋、大腿方形筋などが横に伸びています。この筋肉のつき方を見ていただければ、人間はどのように歩くべきか、走るべきか一目瞭然ではないでしょうか。

両手を後ろに回してお尻を触りながら歩くと、大臀筋がどう動いているか何となくわか

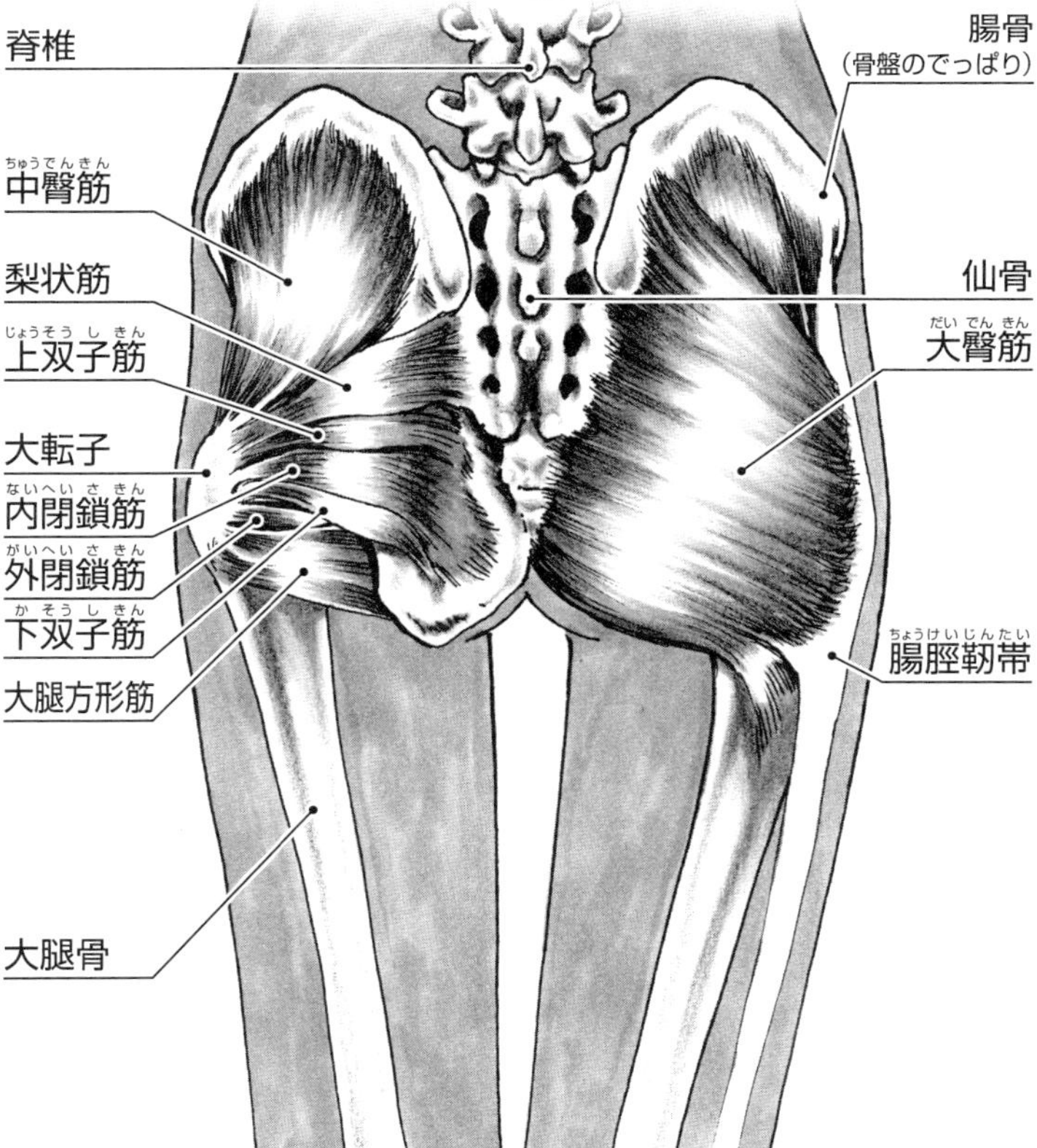

股関節（臀部）における筋肉のつき方

ると思います。縦に動いていませんよね。左右のお尻が交互に前後に動いてませんか。つまり両足は横にスライドして歩いているのです。足は腰の下にまっすぐつながって、前後に蝶番《ちょうつがい》のように振られているのではないのです。日本人は自己アピールが苦手で奥ゆかしいことが美徳とされる文化です。それとも単純に着物の着付けが崩れるのが嫌という理由かわかりませんが、日本人は能を代表として移動する時に身体を動かさない伝統的な意識が根付いているのです。一方、ラテン系やアフリカ系の人たちは、腰を振るダンスが深く生活や文化に根付いています。感情や自己表現も身体を使った激しいものが多いですよね。欧米の人間は自然にお尻をプリプリ動かして闊歩《かっぽ》しますが、日本人は恥ずかしさが先に立ってしまいます。日本人は往々にしてお尻をうまく動かせていません。だから垂れ尻の人が多いですよね。お尻の筋肉を運動の時に使えないのは大きな損失です。欧米の人間は、すさまじく大臀筋が発達しています。

人間の歩行は地球上の他のいずれの動物とも違います。背骨や膝をまっすぐ伸ばし、踵をつけて歩く直立二足歩行です。単なる「二足歩行」の動物はたくさんいます。熊や猿、鳥類、エリマキトカゲなど。しかし、これらは骨盤が発達していないためにおっかなびっくりで、長時間の二足歩行には耐えられません。人間がなぜ直立二足歩行ができるようになったのかというと、しっかり立つことができるように200~300万年の間に骨盤と踵が他の動物に比べて大きく進化したからなのです。だから脳が大きく発達したのです。しかし骨盤から起動した体幹の動きが四肢に伝わり動くという脊椎動物の特徴は持ち合わせています。

「速く走るにはどこの筋肉を鍛えればいいと思いますか？」と質問すると、たいていの人は「ふくらはぎ……？」と答えます。「太腿」と答えた方は小さい○です。正しくはお尻の筋肉を中心とした「体幹」です。実は走るという行為は力学的エネルギーの観点からみると、頭と体幹の移動を手足を使って行っているのです。

2 背骨をひねらせて走らせようとするコーチたち

●2016年。とある居酒屋にてランニング談義の風景

前著を出した時にランナー仲間で居酒屋で飲んだ時のお話です。

「いい本だったけれど、ランニングって足で地面を蹴るから進むもんじゃないの？　骨盤といわれてもさ……」

頷いていた隣のラン友さんも首をかしげながら、

「俺もわからないところがあったんだよ。あのさ、『壁を作る』って何？」

私は茄子の漬物をかじりながら簡単に説明しました。

「ほら、例えば骨盤の左側が前に出ると、左側の体幹……肩甲骨でも胸でもいいんですが、前に出るじゃないですか。その時に左肘まで一緒に出ますよね。それを横から見て壁と表現したんです。ゴルフや野球のスイングにおける『壁』とか、卓球における加速制動とか。それで身体全体がスナップのように使われて大きなパワーが足に伝わる。それが左右が交互に前に出ることによって人間は走るわけで……」

彼らは怪訝《けげん》そうな顔つきになりました。

「え？　左側の骨盤に合わせて出るのは右の肩甲骨じゃないの？」

周りの人たちもうなずき始めました。

「そうだよ。骨盤と肩甲骨の動きは対角ってどのマラソン本にも書いてあるよ」

「体幹を勢いよくひねるから速く走れるんじゃないの？」

「うん、だから強く左肘を引くことによって右足が『ボーン』って勝手に前に進むんだよ」

私はビールをゴクリと飲み干して説明を続けました。

「違います」

これらのことは相当根深い間違いなのでキッパリ書いておきます。

●第一の疑問点「ランニングって足で地面を蹴るから進むもんじゃないの？骨盤と言われてもさ……」の誤解を解く

あらゆるスポーツの動きは骨盤起動で説明できます。以前、ボクシングの本で、パンチを打つのは足裏からの起動と書かれている指導書がありました。その著者はボクシングの往年の名選手でしたが、そのような感覚を持っていることに驚きました。足首で地面を蹴った動きが膝から腰に伝わり、肩から拳に伝わる。一見納得してしまいますが、ボクシングの試合でいちいちそんなことを選手同士はステップを踏みながら素早い攻防の中でやっているのでしょうか？　そんな動きだったら、足首から拳に伝わる前に相手のパンチが来るなって簡単にわかってしまいそうです。かといって、手だけで打っても、相手に到達する時間は短いでしょうが威力は出ませんよね。腰を入れるから相手を倒せるほどのパンチになるのです。

ボクシングに限らず、スポーツは腰から起動して下肢と上肢の二方向に分かれて伝わります。テニスの場合でも、選手はボールに追いついてから、足先から起動してそのパワーは腰から上体に伝わってラケットが動いて打ち返しているのでしょうか。そんな時間はないですよね。やはり腰から起動して下肢と上肢に力が二方向に分かれるのです。

ウエイトトレーニングの現場でも同じような誤解があります。スクワットは足で地面を押し、膝から腰に伝わってバーベルを挙げていくと記述されている指導書があります。地面の反力のことをいっているのだと思いますが、その反力を作り出すのは腰からお尻の筋肉で、そこから起動しなくてはいけません。

ところが、ランニングの世界においてもその間違った論理がまかり通っています。多くのランナーは、地面からの反力を蹴っている足の先やふくらはぎでもらうと勘違いしています。地面の反力は股関節がもらうのです。地面で足裏が動き出し大腿骨が固定されて走り出す、と書かれている本を読んだ時はビックリしました。それではまるで人間の動きは受動的ですね。地面に接しないと動き出せないのですから。その著者は水泳をどう説明するのでしょうか。足裏は固定できていませんが泳げます。腰から起動しているからです。我々は魚類と同じく脊椎動物なのです。すべての運動は骨盤から動いて四肢に伝わります。ランニングにおいては、股関節から起動されたエネルギーがお尻や大腿筋で大きなパワーとなり、足から地面に伝わるのです。

●第二の疑問点「そうだよ。骨盤と肩甲骨の動きは対角ってどの本にも書いてあるよ」の誤解を解く

確かにどのランニング本を開いても書いている、といってもいいくらいこの表現は使われていますよね。

右の肩甲骨が前に出る時に、左側の骨盤が前に出る。

左の肩甲骨が前に出る時に、右側の骨盤が前に出る……。

なるほど。でも待ってください。骨盤と肩甲骨の動きが対角ということは、背骨をねじって走るということですよね？

皆さんは、身体の柔らかさや固さを表現するのに立位体前屈※をやったことがあると思い

※立位体前屈…立ったまま前屈姿勢になり主に太腿の裏側（ハムストリングス）と腰部のストレッチをする動作。またはその測定。身体の固さを表わすのによく使われる。

ますが、どこを曲げる意識でしょうか。背中ですか？　腰ですか？

実は多くの人は、背骨と骨盤の接点である腰椎※を曲げることで前屈しようとしてしまいます。でもそんなに曲がりません。本来、大きく曲げる意識を持つべきなのは股関節なのです。実験していただければすぐに納得できると思います。さらにお腹を膨らませてください。凹ませるよりさらに前屈できるでしょう。お腹を膨らませることにより骨盤が前傾しやすくなります。このことは「ランナーに体幹トレーニングは必要なのか？」（56ページ）で後述します。

話を戻します。同じことが身体をひねる時にも生じます。腰を回す。これをどうイメージしますか？　解剖学的に見て、腰を回転させるための大きな筋肉は骨盤には存在しません。イメージとして骨盤を動かすとか腰を回すということは、骨盤の上で接合している背骨の腰椎を水平方向に回すように感じる人が多いと思いますが、それは間違っています。

背骨の腰椎を挽き臼のようにねじる意識で走るとすぐ疲れてしまいます。腰椎の回転はたった5度。時計の秒針1目盛が6度です。ほとんど動いていないといってよいのです。正座して股関節を固定して腰をひねってみてください。ほとんどひねることはできませんよね。上体がねじれていると感じるのは胸椎、胸の部分が動いているからです。もし腰椎を回してランニングをするという間違った意識を持って走り続けた場合、腰を傷める可能

※腰椎、胸椎…16ページの骨格の名称図を参照。

性はかなり高いといえます。実は「腰を回す」とは、背骨をねじるのではなく、「足の付け根である股関節を動かす＝左右の大転子を動かす」ということなのです。

●肩甲骨と骨盤を逆側にねじるスポーツなんて存在しないのに！

左の図は野球の投手のフォームの図です。右投手の場合、振りかぶってから左足を上げてステップ動作に入り、最初に左の肩甲骨と骨盤の左側が右回りに回転して前に出ます。

野球の投球動作（右投手の場合）では、ステップ動作で足を上げる時に左肩と左腰が右回りに回転して、打者から見て背中が見えるくらい大きく地面からひねられる。

ボールをリリースすると、右の肩甲骨と骨盤の右側が左回りで前に出てフォロースルーが効いてますよね。野球に限らず、すべてのスポーツの全身動作、テニス、ゴルフ、サッカー、ボクシング、剣道、ボウリングでも、骨盤と肩甲骨は同じ方が前に出て、逆側は同じ方が引かれます。つまり、体幹というか胴体、背骨をねじって、それを起動力として動くスポーツは存在しません。ところが、一番原始的なスポーツであると思われるランニングの指導書には、身体をねじる意識や指導が横行しています。

フォロースルーの時には左回りに右肩と骨盤の右側が回転して前に出る。胴体はよじれず骨盤と接地する地面が大きくひねられる。

●第三の疑問点「体幹を勢いよくひねるから速く走れるんじゃないの？」の誤解を解く

指導書を見ると、よくこんな図が載っています（図①）。これを見ると右の肩（肩甲骨）が前に出ている時に左の骨盤が前に出ていますよね。皆さんできますか。このように身体をねじってスタスタ歩けますか。実はコレ、背骨をねじらないと走れないですよね。

そして、その動き作りの方法としてよく載っているのがこのエクササイズ（図②）。これっ

①

ランニングの現場では背骨をねじる指導が横行している。

体幹部をねじらせるエクササイズはランニングには無意味どころか身体を傷める危険性もある。

て股関節じゃなくて背骨をねじ曲げる運動ですよね。背骨をねじ曲げて走る。それともこれが彼らの考える体幹ランニングの理想形なのでしょうか。どっちにしろ相当疲れそうですね。

　正しいランニングフォームでは、同じ側の骨盤と肩甲骨が交互に前に出ます。胴体は一つの箱として機能します。胴体自体をねじる必要はありません。あくまで動くのは股関節です。ねじれるの

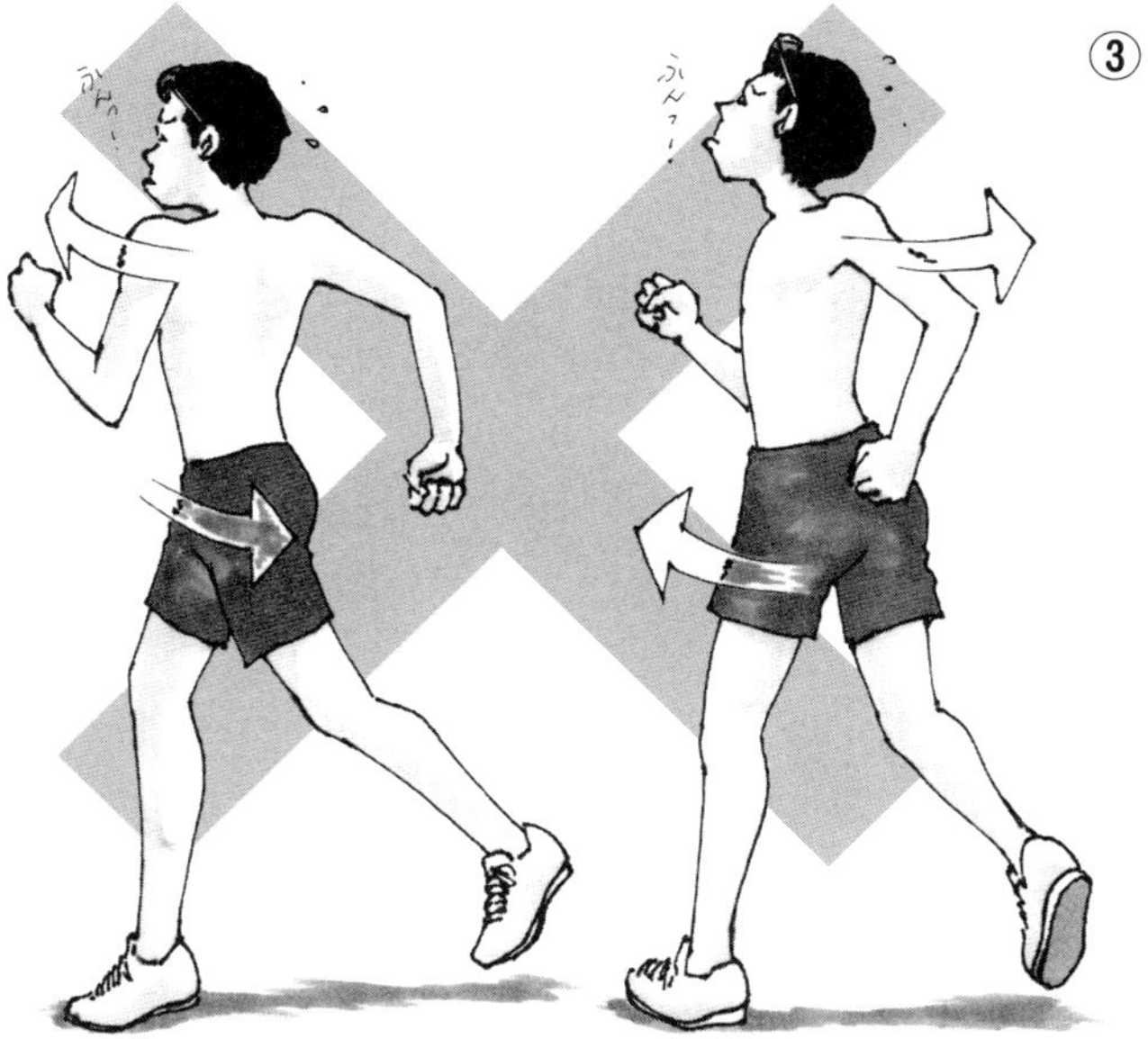

骨盤と肩甲骨の動きが対角になるように動かすのはマチガイ

体幹を逆向きにひねっても、そこで大きなエネルギーの蓄積は起きない。
手足は逆向きに振られるが、体幹部の肩甲骨と骨盤は同じ向きに動かし、背骨をねじる意識は持つべきではない。

は下肢の部分。地面と股関節がねじれることによって走るのです。

それを体幹インストラクターたちは間違えて「骨盤と肩甲骨の動きが対角になるように動かす」と説明しています。自らその動きを説明していますが、見るからにぎこちないです（図③）。だって無理な動きなんですから。手足が対角に交互に振られることから、肩甲骨と骨盤も交互に対角線で動くんだと思い込んでしまったのだと思います。今までの指導書を開いてみてください。このめちゃくちゃな動きは、結構載っています。

●物理学から紐とく体幹をひねる動作の勘違い

それでも「ランニングは体幹を挽き臼みたいにねじっている！」と思いたい方に、簡単に物理学のお勉強をしたいと思います。骨盤と肩甲骨を左右逆向きにひねりなさいといっているインストラクターたちは身体を一つの物体として捉えています。つまり、他のものから影響を及ぼされない空中に浮いた物体として理解しているのでしょう。まるで無重力で宇宙空間に浮いた人間です。しかし、ランニングの場合（に限らずスポーツ一般は）地面の影響を受けますよね。骨盤を右に回せば、地面からは逆に左向きの反作用の力を受けることになります。つまり足は、左側にねじれることになります。さて、それを図で表してみましょう。

背骨をひねる今までの体幹ランニング説だと、この図で地面では右回り、腰は左回り、そして肩甲骨は右回りによじる、身体全部で合計3回転もしているわけです。これでは力が逃げてしまい、前に進みません。かなり柔軟な人でも苦しいですよね。食事に出るおしぼりを三度ほど絞って試していただければわかると思います。それに比べて骨盤と肩甲骨、同じ側を出す場合は、ご覧のとおり

あくまで体幹のエネルギーは地面に対して伝えるもの。
肩甲骨と骨盤を反対にひねっては地面にエネルギーはうまく伝わらない。

シンプルな作用反作用※です。体幹は右回り、地面は左回り。体幹はひねらず肩甲骨と骨盤が同じ向きに回ることで、地面に逆回りの力を最大限に伝えることができます。実際、ゴルフのスイングも野球のバッティングも同じ動きをしています。どちらの方が正しいのでしょう？　背骨をひねってランニングをしようとするのは大きな間違い、というのはわかっていただけましたでしょうか。

●第四の疑問点「うん、だから強く左肘を引くことによって右足が『ボーン』って勝手に前に進むんだよ」の誤解を解く

「肘を引くことにより肩甲骨が動き、それによって足が自然に動き出す」という「肩甲骨起動で骨盤が次に動く」とされるランニングの身体の動きの順番を強調して指導するインストラクターも多いです。果たしてその意識は正しいのでしょうか。例えば、皆さんは歩き出そうとする時に、先に腕から振ってから足が出ますか。そんなことはないですよね。

スポーツの分野ではどうでしょう。公園でランニングしようと思ってスタートする時も、肘を引いてからスタートしなくたって足は動き出しますよね。他のスポーツ、ゴルフにしてもテニスにしても野球のバッターにしても最初に動き出すのは腰ですよね。

そもそも肩甲骨から動き出すスポーツなんて存在しないのです。人間の動作において肩

※**作用反作用**…物体 A が物体 B に力を加えると、必ず B も A に等しい力で反対向きの力を返す。二つの物体が互いに力を及ぼす時、片方の力を作用の力、もう片方の力を反作用の力という。運動の第 3 法則とも呼ばれる。

甲骨から起動される全身運動はありません。

人間の動きはすべて股関節からの骨盤起動で説明されます。スポーツの世界もその真理に抗《あらが》うことはできません。ところがランニングの指導書では肘を引くことにより肩甲骨が動いて、そして肩甲骨を動かすことにより骨盤が動き自然に足が前に出る、という説明がされています。例えば「左の肘を引くと右の足が自然に、かつ勝手に前に出

肘を引くことによって勝手に太腿が上がると信じているインストラクターは多い。

る」そうなのです。本当にそうでしょうか？

もしそれが自然な動きなら、ベッドやソファの縁に寝転んでみて左手だけ縁からだらんと下に下げたとすると、右の骨盤や右足がふわ～っと上に持ち上がるということですよね（前ページ図）。それが「自然」、もしくは「勝手に」、ということなんじゃないでしょうか。でも当たり前ですが右足は上がらないですよね。

「いや、バッと腕を振るからバッと足が出るんだよ」

そうでしょうか。立っている状態で左肘を「ブンッ」と後ろに引いたら、右膝がバッと上に上がりますか？　上がりませんよね。

つまり、肩甲骨や肘を動かしても対角の足が動くなんてことはないんです。胴体がねじれる感覚で引っ張られているように感じているだけです。

●筋肉についての大誤解！　筋肉はゴムやバネとは全く違う性質のもの

そう考えてしまうのはどうやら人体の構造、特に筋肉に対して大きな誤解があるからです。例えば左ページのゴルフのクラブを振り上げたシーン。身体がギュッと絞られて、いかにものすごい勢いで球を打ちそうですね。でもこれって力を抜いたら何もなかったようにそのままクラブを下ろしてしまうだけなんです。筋肉はよくゴムやバネに例えられますが、全く違う性質のものです。つまり、伸びるんじゃなくて、収縮するだけ。伸ばされたものが「バチン」と縮むんじゃないということです。伸びる時にパワーの蓄積は全くありません。例えば、腕の力こぶを伸ばしたからといって、また「バチン」と縮むわけではありません。

百歩譲って伸ばされた筋肉が縮むとしても、ひねった腕と足が連動することはありません。だって、手と足の骨も筋肉も1本ではないのですから。途中にたくさんの骨や関節を介しています。左肘を引くのと右足

35ページの図を実際のスポーツ動作に当てはめるとこうなる。体幹が右に回ると足が左回りにねじられる。ゴルフで最大にクラブを振り上げたトップの位置では、身体にねじれエネルギーがみなぎっているように感じるが……。

を前に出すのには、全く別の筋肉が働くのです。そして、右肘を引くのにも別の筋肉が使われます。腕を引くと足が前に出るという作用反作用で、すべて身体動作を説明しようとするには無理があります。そんな単純なものではありません。その結果、肘を強く引けば同じ力で足が大きく前に出る、背骨も大きくねじるとパワーが蓄積されるという誤解が生まれてしまいます。このことを理解しないと、まるで人体は一つのゴム人形の塊のような表現になってしまいます。

「走る」という行為は、誰にでも何となく自然にやれてしまうからこそ教える方も適当になってしまうのでしょうか。それとも、そのように上の偉いコーチから言われたままに思い込んでしまっているのでしょうか。そのようなインストラクターのランニング姿勢を見ると、肩をいからせて腕をブンブン振りながら肩甲骨を動かしています。たぶん彼は肘を引いた分、ひねりあげた体幹が反対側から「バチン」と戻って足が高く上がると信じているのでしょう。ランニングにおいて、身体を必要以上にひねりあげる意味は全くありません。

3　腕を振ることは上体の免震装置

●左右の肩甲骨を中央に寄せて胸を張るのがよいフォームなのか？

日本人はとても猫背コンプレックスだと思います。「猫背は万病のもと」といわれ、私も子供の頃にずいぶん「また猫背にしてる！」と親に怒られました。しかし54歳になった今も猫背のせいで病気になったことはなく、本当に万病のもとなのかは疑問です。前著で割と誤解されたのが、猫背についての記述でした。私としては「肩甲骨が動いていればどんなフォームでもよい」と表現したつもりだったのですが、「猫背にした方がよい」と受け取った方も多かったようです。確かに、私自身も猫背であると書いた上に日本の短距離トップランナー、そしてケニアやエチオピアの長距離選手も猫背で走って日本人よりはるかに速いタイムを叩き出している、という記述でしたから仕方がないかもしれません。正しく表現すると「左右の肩甲骨を背中中央に寄せて胸を張っているのがよいフォーム、というのは間違っている」ということです。両側の肩甲骨を寄せれば寄せるほど、力みが生じて肩甲骨は動かなくなるのですから。両側の肩甲骨を寄せて胸を張ったまま「前へならえ」してみてください。かなりぎこちないですよね。ではそのまま真上に上げてみてください。上がらないですよね。こんな可動域でランニングするのでしょうか。

「いやいや、今やって見せたのは前や上へ振り上げる動作でしょ？　ランニングの腕振りって、ほら、後ろへの可動域が大切なのよ。だから肩甲骨を寄せるのよ」

そう反論されるインストラクターもいると思います。では後ろに両腕を振り上げてみてください。肩甲骨を寄せるのと、緩ませておくのを比べると、確実に緩んでいる方が後ろに高く上がります。右の図は前著に載せた肩甲骨周りのチキンウイングというストレッチです。これを肩甲骨を寄せてやってみたら、すぐに後ろへの可動域が狭まるのがわかります。つまり、ランニングにおいて左右の肩甲骨を寄せる意味は一切ありません。

前著で紹介した肩甲骨周りをほぐすチキンウイング・ストレッチ。左右の肩甲骨を寄せてやってみると、可動域が狭まることが理解できる。

●これからは鎖骨と肩甲骨の二つの意識を持つべき～上肢帯とは～

上肢帯《じょうしたい》（肩帯《けんたい》）とは、肩甲骨と鎖骨、そして上腕骨を含めた肩関節複合体のことです（次ページ図）。鎖骨は首の下から左右に伸びる細い骨ですが、背面にある肩甲骨が靭帯によってこれに吊り下げられるように連結しています。これらがスムーズに動くことで、物を投げたり、手をバンザイさせたりすることができます。そして当然ランニングの腕振りもです。「肩甲骨を寄せて」とか「胸を張って」というのは、肩甲骨だけしか見ていないインストラクターです。それでは鎖骨が後ろに引っ張られてニュートラルなポジションからズレてしまい、可動域を狭めます。これらを固めず、狭めず、鎖骨、そして肩甲骨がスムーズに動いて腕振りを行えるようにしましょう。

当然ですが、肩甲骨自体が動こうとして腕が振られるのではなく、腕が振られることによって肩甲骨が動きます。肩甲骨自体はなかなか意識できない受動的な骨です。走っている人の背中を見てみると、腕をたくさん振っているのに肩甲骨はほとんど動いていない人も結構います。肩甲骨は本来、自由度の高い骨なのです。

肩甲骨には17種類の筋肉がくっついて背中に浮遊しているのです。それらがうまく動かないと肝心の肩甲骨が固まって動かなくなってしまいます。例えば、棘下筋《きょくかきん》や棘上筋《きょくじょうきん》は加齢のために筋力低下や萎縮《いしゅく》がよくみられます。デスクワークが長い人や中高年になると、

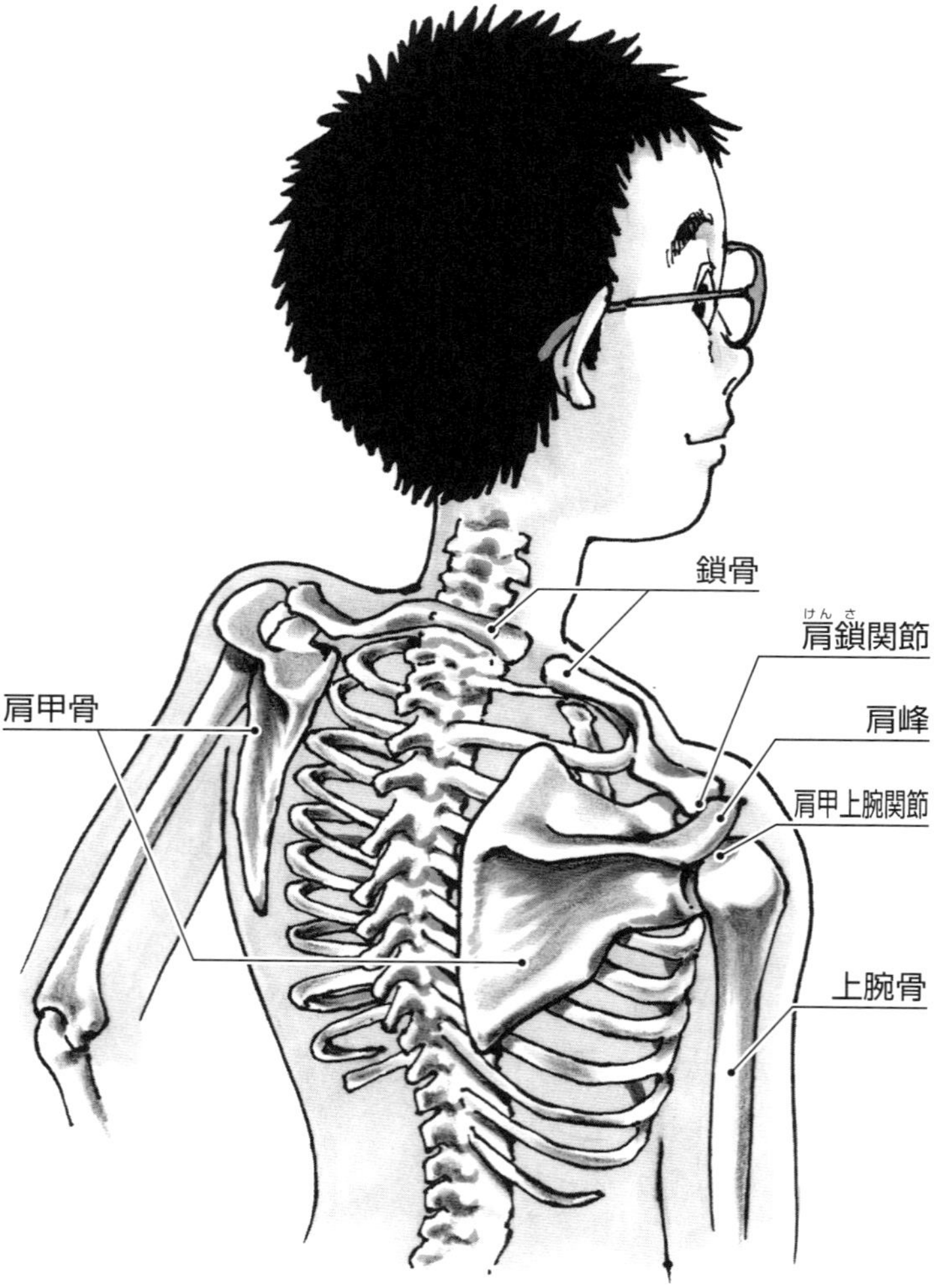

大切なのは肩甲骨だけじゃない。
鎖骨と上腕骨も含めた上肢帯（肩帯）を意識しよう

背中がカチカチに固まりがちです。ぜひとも歩く姿勢から意識して直してほしいと思います。たいていの人は、歩く姿勢の延長線上に走る姿勢があります。歩く姿勢が悪い人がランニングになるといきなり美しいフォームになる、ということはまずありません。ランニング雑誌を開くと、肩甲骨の動きをよくするストレッチや体操が色々載っていますが、大切なのは実際にランニングで動いているかどうかです。皆さんもラン友さんに確認してもらってください。

私たち人間の上肢帯は、四足動物からきたものではなく、木にぶら下がって移動する動きから今の形に進化してきました。我々の祖先は水辺から陸に上がった両生類ですが、そこから大きく分けて3種類に分類されました。敵から逃げるために空を飛ぶ鳥類、地面をすばやく逃げることができる四本足の動物、そして身を守るために木の上の生活を選んだ我々、類人猿の祖先たち。木にぶら下がって木の枝から枝へ渡り移動するためにバンザイができるように上肢帯が発達しました。そして器用に手を使い始めた人間は、地面に降り立ち、木の枝をつかんでぶら下がる握力がなくても二足歩行で生活できるようになりました。

肩のストレッチは公園にあるうんていや鉄棒にぶら下がるのが一番です。時々は祖先の動きを思い出させてあげましょう。

●腕振りは半脊髄反射運動である

近年、鳥の飛行中の羽ばたきは脊髄によってコントロールされていることが明らかになりました。羽ばたきは、呼吸と同じく無意識の動きである可能性が高いということなのです。呼吸は無意識でも寝ている時でもしますよね。しかし、呼吸をちょっと早くしようとすることもできます。逆に息を少しの間、止めることもできます。つまり、意識的にも無意識でも対応できる半随意筋運動ともいえます。それに対し、ほぼコントロールできないのが心臓の鼓動や目の光彩です。心臓の鼓動を早めたりゆっくりしたりはそう簡単にはできません。これらは完全な不随意筋運動といえます。鳥が大空を2回羽ばたき、そしてしばらく滑空して、また羽ばたく。これらは鳥が意識的にやろうと思ってやっている運動ではないということです。それと同じく、人間が歩く時に腕は無意識に振られます。つまり、腕振りもやはり半脊髄反射運動なのです。脊髄は脳に頼らずとも歩いたりできる歩行中枢という指令系統を独自に持っているのです。

しかし最近は歩きスマホしながら腕振りせずに歩く若者が増えています。足だけでペタペタ進むのです。彼らには、もう太古から脈々と受け継がれてきた脊椎動物としてのDNAが失われてしまっているのでしょうか。

ランニングの指導書には、骨盤と肩甲骨にスイッチを入れて連動させなくてはいけない、とよく書かれていますが、どう連動するかは曖昧に書かれていることがほとんどです。背中で左右の手をつないで歩いてみてください。上体が振られませんか？　首や肩が歩くたびに左右に振られる。よかった。それはキチンと骨盤が動いて歩けている証拠です。歩きスマホの人は骨盤が動いていないから、歩みが遅くなって、駅や雑踏で周囲に迷惑をかけているのです。

骨盤なんか動かなくても歩けますよ、気にならないし、という方。では後ろ手でつないだまま走ってみましょうか。さすがに走ると骨盤のごまかしは効かないでしょう。かなり上体が左右に振られると思います。では、今度は後ろの腕を離して自然に腕振りして走ってみましょう。上体の揺れが止まりましたよね。少なくとも弱まったとは感じられるはずです。

それでも腕振りはランニングの推進力になっている、腕を頑張って振ることによって前に進むんだと主張される方。ではどうぞ、棒立ちになって腕を一生懸命振ってください。もう100mを全力で走るんだと思って振ってみてください。どうです？　一歩でも前に進みましたか？　腕振りが推進力になるなら、立った位置から50㎝でも前に進んでもいいのではないでしょうか。たぶん足裏は1㎜も進まなかったですよね。前傾姿勢にもならなかったと思います。つまり、腕を死ぬほど振っても前への推進力に1㎜も役立っていないのです。右腕を前に振った重みも、左腕を後ろに引いているので相殺されます。左右の腕を交互に前後に振っているから運動エネルギーはプラスマイナス0です。腕振りは率先して動かすものではないのです。では人間は、なぜ脊髄反射まで使って自動的に腕を振るように進化したのでしょうか。

●腕を振ることは上体の免震装置

近年、多くの建築物に免震構造が取り入れられるようになりました。建物の基礎部分に特殊なゴム層を入れたり、建物の最上階に液体やダンパーを設置して建物の振動エネルギーを吸収する装置です。建物をとにかく強固にして地震に耐える耐震構造とは一線を画すアプローチです。

腕振りの主な役目はまさに上体の免震装置なのです。足の大きな動きがもろに上体に伝わって頭や胴体が揺れてしまうのを、肩甲骨を含む腕を相対的に振ることで振動を吸収します。オリンピックに出るほどの選手の頭は、短距離走で100mを全力で走っても左右上下にほぼ揺れません。あれは首の筋肉や体幹の筋肉が強くて固めて動かないわけではありません。大きく腕を振って作用反作用の力学を使って免震しているから頭が揺れないのです。

逆に学生の駅伝中継で襷《たすき》をつなぐゴール前で頭や肩がぶんぶん振られている時がありま す。解説者は「疲れて最後の力を振り絞ってますね」とよく言いますが、あれは疲れてい るというより、早く襷をつなごうという思いで、免震以上に腕を力んで振ってしまってい るために頭や肩がブレてしまっているのです。「肩振り」や「アゴ振り」になってしまっ ているのです。

人間の頭部の重さは体重の8〜13％（平均10％）といわれていますから、体重60kgの人で約6kg。ボウリングのボウルは13ポンドが約5・9kgです。相当重いですよね。人間は重いボウリングのボウルを身体のてっぺんに乗せているのです。走った時にそれが暴れてバランスを崩したら、どんなに走りにくいか想像できますよね。長距離走でもラストスパートで大きく腕振りされることがありますが、最後のダッシュでストライドが伸びた足に対応して腕振りが大きくなっているのです。

腕振りの第一目的は免震装置ということを指導者が理解しないで教えていると、強く腕を振れば振るほど速く走れるといった誤解を招くことになります。また逆に、疲れるから腕は下げたままあんまり動かさなくていいなどと指導されて、理不尽なランニングフォームを身につけてしまう恐れがあります。

●免震装置から一歩進んで重力スイッチに！

大きく強く腕振りしても余計な力みを生じさせてしまうことは理解していただけたかと思いますが、免震装置であることを踏まえた上で、足の着地のタイミングを連動させることによって、腕振りは重力スイッチとなります。立ち幅跳びでもその場での垂直跳びでも、腕を振り上げることによってずいぶんジャンプ力が変わります。作用反作用で身体全体を使えるようになるのです。体の重心が上下するエレベーター効果が生まれるのです。

成人男子の場合、片腕の重さは約3kgです。腕を振る遠心力は重力の約2倍、重力と合わせると約3倍になります。腕を振って走ると肩を支点として遠心力が働き、タイミングが合致すれば身体を押し下げる効果があります。前から振り下ろす時にも、後ろに引いた肘を振り下ろす時にもそれは働きます。これらをうまく使うと足が地面を押す局面でさらに地面からの反力をもらえます。片腕だけで9kg近くを地面を押すのに使えるということです。これを使わない手はありませんね。

バネ式の（デジタル表示ではない）体重計に乗って腕振りをしてみると、タイミングが合った時に体重計の上でリズミカルに体重が軽くなったり重くなったりします。ボールがバウンドする感じです。こちらは足は棒立ちで動かさなくともハッキリ上下動を確認できます。つまり腕振りで体重が変わっているのです。でもあまりやると体重計が壊れるので気をつけてください。

くれぐれも間違ってはいけないのは、免震機能あっての重力スイッチだと思ってください。片方9kg近くの錘《おもり》に振り回されてはそれこそ走れなくなってしまいます。

●腕振りのブレを体幹を固めて止めるのではない

とあるマラソン中継の番組で、解説者が「見てください！　体幹を鍛えていますね。あんなに腕振りしているのに、ゼッケンのあたりを見てください。全くブレがないんですよね！　コアがしっかりしてます」と言っていました。この解説者は体幹の筋肉で、腕振りで起きるブレを制御してると思っているのでしょうか。そんなことをしたら呼吸が苦しくなってしまいます。重要なのは肩甲骨周りを柔軟にして胴体と独立して腕を振れることです。上肢帯が自由によく動いていれば、体幹の筋肉はそこまで使わなくて済むのです。上肢帯ではなく肩そのものを大きく動かそうとすると、胴体は途端にブレ始めます。

腕振りの第一目的は上体の免震装置です。体幹がブレるのを、腕を振ることによって弱めているのです。腕振りのブレを体幹が止めているわけではありません。全く逆です。

腕振りをしているのに肩甲骨が動いていないランナーが多いことを前述しましたが、肩甲骨が自由に外転※、内転を繰り返すことで、腕振りが免震装置として機能するのです。肩

※外転ー内転…肩甲骨の動きは垂直に肩を上下する「挙上ー下制」、円を描いて腕を上げ下げする「上方回旋ー下方回旋」、そして「外転ー内転」に分かれる。外転は肩を前に出す、内転は肩を後ろに引く動きに関連する。

甲骨が動いていない場合、腕振りで生じた動きをどこで止めることになるのでしょうか。肩を含めた上半身全体です。それこそ体幹を固めて無駄な力を使うことになります。肩甲骨が動いていないランナーほど骨盤も動いていません。

当然、身長や体型によって腕振りの形は少しずつ変わります。まずは免震ができているかを再確認してから、スピードが出る、自分に合った、疲れない腕振りを見つけ出してみてください。

●一つの選択肢。エチオピアやケニアのトップ選手たちの腕振り

あまり日本人選手や欧米の選手には見られない形ですが、エチオピアやケニアのトップランナーたちは腕を抱え込んで走っている選手が多いのです。日本のランニング指導書には腕を抱え込むことは肩甲骨が動かないのでやめましょう、と判を押したように書いてあります。しかし、特にエチオピアやケニアの女性の長距離選手は、一様に腕を抱え込んでいます。これについては、ひょっとしてそのようなランニングフォームの指導が一般的にされているのではないか、と疑問が湧いてきました。

前著にも書きましたが、私の家の近所の公園にはアフリカの国の人たちが多くジョグを楽しんでいるのです。その何人かとはランニング友達になっており、ケニア人やエチオピ

ア人もいます。彼らにその質問をぶつけると、やはり腕振りは最初に習うとのことでした。「日本のコーチは『腕振りは前後に縦にまっすぐ振りなさい』と教えます」と伝えると、ケニアの友人（多くのトップランナーを輩出している高地イテン出身）に「いいかい、腕は長いし重い。だからなるべく小さく畳まねばならない。日本のコーチの言うことがわからない。抱え込まない方が疲れてしまうよ。そして肘から先は回すんだよ。縦に振るんじゃない。マラソン中継をテレビで見たけれど、腕をだらっと下げてる選手もいるよね。日本のランニングスタイルはおかしいよ」

ケニアやエチオピアの女子ランナーは抱え込んで腕振りする選手が多い。

と笑われてしまいました。確かにケニア人やエチオピア人は膝下が長いのと同じように、前腕がとても長いのです。彼らは腕を折りたたむ必然性があるのかもしれません。そして「最初にアームカール※で鍛えるんだ。それで抱え込むことができるようになる。肘の角度はずっと同じが基本。最初はキツイけれど、段々と長い距離でも腕を抱え込むことができるようになるんだ」

と教えてくれました。

上半身に筋肉がついて重くなるのを嫌うランナーは多いです。特に腕は。私も、腕が太くなったら逆に腕振りが大変になるのではないかと懐疑的でした。しかし、トライ&エラーは私の得意とすること。モノは試しにダンベルでアームカールの筋トレを1週間に2回ほどやるようにしました。そうすると確かに長時間、腕を抱え込んでも疲れないようになってきました。腕を抱え込んで走ると腕自体の遠心力が小さくなり、とても軽く感じられるのです。

抱え込むといっても、肘は後ろまで引きます。肩甲骨は動きます。肘の角度を90度より狭くするのです。たぶん私は60度くらいで振っています。短いストロークで振るのでピッチも上がります。また、なぜか抱え込むと上体が自然に弓矢のようにしなって骨盤が前傾姿勢になり、スピードが出やすくなります。フィギュアスケートでスピンという一定の場

※アームカール…手のひらを上にして片手でダンベルを上げ下げする、上腕二頭筋を鍛えるための筋トレ。

所でクルクル回転する技がありますが、腕を抱え込んだ途端にものすごく回転スピードが上がります。それと同じ理屈です。物理学では慣性モーメントと呼ばれています。腕を折り畳めば慣性モーメントが小さくなり、上体の揺れも制御しやすいということです。ちなみに気になる上腕の力こぶですが、そこまで目立って大きくなりませんでしたし、腕の抱え込みは一つの選択肢として考えてみてもいいかもしれません。

4 ランナーに体幹トレーニングは必要なのか？

●ビクともしない体幹だとケガをしなくなるのか？

コアトレーニング、体幹トレーニングが大流行です。ドローインから始まってプラン※ク、※サイドプランク、※バードドッグ、そこから発展してのチューブトレとかバランスボールを使って……とか。効果はどれほどのものなのでしょう。果たして、体幹トレーニングは傷害予防とパフォーマンスアップに寄与しているのでしょうか。

箱根駅伝での青山学院大学の活躍で評判になったコアトレ。主力選手の「三代目・山の神」の神野大地選手は2015年に、左大腿骨、右脛下部と、二度の疲労骨折で長期離脱していました。

体幹マスターといわれるサッカーの長友佑都《ながともゆうと》選手は、肩の脱臼、太腿裏の肉離れを繰り返し、半月板損傷、足首など、ケガが大変多いです。ある程度のコンタクトは許容されるサッカーで、小兵ながら海外で頑張っている、そのことを差し引いても、少なくとも体幹トレーニングでケガを防げるという事実はなさそうです。

ブレない体幹を獲得することを目指す現行のコアトレのメソッドは「体幹はビクともしない大木のような剛体であるべき」という考え方です。格闘技やアメフト、ラグビー

※プランク、サイドプランク…プランクは、「肘をついた腕立て伏せ」のポーズでその姿勢を保つ筋トレ。サイドプランクは、横を向いて寝そべった状態から肘で上体を起こし、肘と膝または足で身体を支えるポーズで姿勢を保つ筋トレ。

※バードドッグ…うつ伏せから、片手をついて片膝立ちになり、もう一方の片腕片足を水平に伸ばす筋トレ。

など、ぶつかり合いのコンタクトがあるスポーツならまだわかりますが、果たしてマラソンもカチカチの剛体であるべきなのでしょうか。

現在の体幹トレーニングはしなやかなコアやインナーマッスル[※]を鍛えるといいつつ、結局、動作自体はカチカチに固めた体幹をキツい体勢、もしくは不安定な体勢で頑張って保持する等尺性筋収縮運動が主になっています。等尺性筋収縮とは、関節を動かさないで行う運動で、筋がその長さを変えずに収縮して力を出します。つまり、関節の角度を一定にして動かない運動です。ギブスやシーネ[※]で関節が固定されている人や、関節炎などで関節運動によって痛みを生じてしまう人に対して選択するリハビリトレーニングです。

長友選手が腰椎ヘルニアのリハビリから体幹トレを始めたのは有名な話。本来は高齢者やケガ、手術などの入院によって過度な安静状態が長期間続くことにより、筋肉が痩せ衰えたり関節の動きが固まったり悪くなったりして、全身の身体能力や内臓、精神状態に悪影響をもたらす、いわゆる廃用症候群を防ぐ目的で行うものです。運動の強度を規定しにくく、人間の自然な動作に直結した筋の収縮様式ではないため、実際のスポーツの現場におけるウエイトトレーニングにおいては運動に直結しないという理由から、今やあまり行われていません。

実際にはどういうものがあるかというと、ずっと昔に行われていた学校の部活の空気椅

※インナーマッスル…深層筋。主に姿勢を細かく調節したり、関節の位置を正常に保つ働きがある。対して体の表面近くにある筋肉はアウターマッスルと呼ばれる。
※シーネ…添え木。ハシゴ状の針金に包帯を巻いたものやアルミ板にウレタンをつけたものがある。

子とか、動かない壁をグイーッと押してみるとか。それら旧態依然としたトレーニングをコアトレーナーの方々はなぜか今、復活させているのです。

それはコアトレは利点が多くあるからです。高強度のトレーニングを好んで行うユーザーは一握り。多くのライト層はお手軽な時短で楽なトレーニングを好みます。自重のみで行う体幹トレーニングはまさにうってつけ。バーベルやダンベルを使った筋トレよりも手軽であり、等尺性筋収縮運動は故障中の選手や高齢者のリハビリにも使われる安全なトレーニングとしてのお墨つきです。ジムに行って重量挙げやボディビルのようなバーベルトレーニングをするには抵抗がある人も、本やDVDを買えば、テレビを見ながら自分の部屋の中でも行えます。宣伝しやすいし、広めやすい。こういった経緯が体幹トレーニングにはあるのです。

●体幹を鍛えて足腰が強くなれば重心は変わらないのか?

テニス、ボクシング……。スポーツにおいて、重心と体幹はしなやかな動きで瞬間、瞬間、身体の中でバランスを移動させながら、常に動いていなければいけません。ランニングも上体が前傾姿勢かどうかで腕振りの位置も変わりますし、坂道での体の重心などもずいぶん変わります。上りではやや猫背になるし、下りでは胸を張った姿勢の方が楽です。

そもそも短距離を走っている人で、後ろ重心の人なんて見たことがないです。棒のように立っている時だけの足裏の重心位置の測定でその人間のすべての動作を診断することはできません。重心位置で血液型みたいに分けたりする意味も全くありません。

スポーツの状況下では、ひたすら力を込めて体幹を固めて姿勢を維持させても仕方がないのです。そもそも背中に定規などあてて少し反った方がいいとか丸めた方がいいとか、動かない状態で体幹トレーニングをどれだけ正確にやるかということは、ランニングの動作に全くつながりません。

●ドローインはランニングにおいては無意味

ドローインという体幹トレーニングの基本動作があります。寝そべってお腹を凹ます運動ですが、ちゃんとやると腹横筋※という体幹筋が鍛えられるそうです。そのドローインの動作をランニング時にも意識しましょうというトレーナーがいます。皆さんもそうやって走ってみてください。呼吸しにくいですよね。ドローイン自体は否定はしませんが、ランニング時にやる意味はありません。次ページ上のグラフは、ドローイン時とブレイシング(腹式呼吸でお腹を膨らませた状態)時での腹圧を測定したものです。ご覧のとおり、ドローイン時にはほとんど腹圧が上がっていません。お腹を凹ませた時には体幹は弱まってしま

※**腹横筋**…腹筋でも深層筋になる。腹部のコルセットとして内臓の位置を保持、体を安定させて動作させる役目がある。

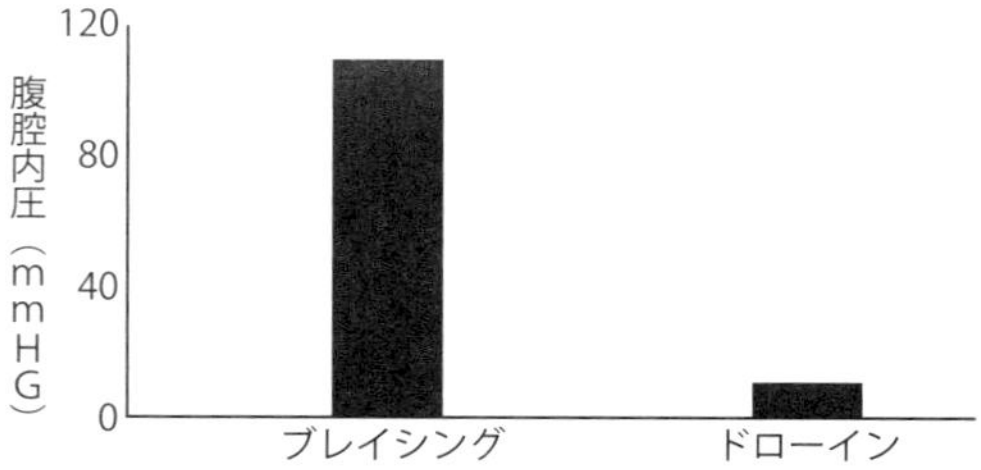

ドローインと腹圧（腹腔内圧）の関係

腹横筋を鍛えるとされるドローインは、腹圧を高める効果はブレイシングに対して低い。しかしブレイシングもまた……。

うものなのです。

ランニングの上達を表す指標の一つに最大酸素摂取量※（VO_2max）がありますが、それはどれだけ肺に酸素を取り込めるかが大きなポイントとなってきます。肺そのものを動かす筋肉はありません。呼吸は横隔膜が主軸となり、肋間筋や頸部や腹部の筋肉によって行われます。横隔膜はドーム状の薄い膜の筋肉で、胸腔を腹部から仕切っており、息を吸う時に最も重要な筋肉です。つまり、横隔膜をきちんと動かし肺を最大限に膨らませることが重要なのです。平静時では受動的に息が吐き出されます。しかしランニング時には、息を吐くために多くの筋肉の助けが必要になります。中でも腹筋群は、最も重要な筋肉です。腹筋の弛緩と収縮により横隔膜を肺の方へ押し上げて、空気を肺から押し出す手助けをします。横隔膜から骨盤底筋※などコアの筋肉は、緊張せず動くようにお腹が緩んでいなくてはいけません。

●ブレイシング？　腹圧は呼吸していたら上がらないのに

一方、体幹トレーニングは「お腹を風船のようにして腹圧を高めて体幹を維持すると、スポーツ時に頭や四肢に安定が得られる」というように説明される時もあります。前述のグラフで触れたブレイシングです。腹圧とは「腹腔内圧《ふっこうないあつ》」の略語なのですが、腹圧を上げ

※最大酸素摂取量（VO_2max）…運動中に体内に摂取される酸素の最大値。有酸素的（エアロビック）作業能力の最もよい指標とされる。持って生まれた先天的要素もあるが、トレーニングによって後天的に獲得できる部分もある。持久力を必要とするマラソン選手などではこの値が高い。
※骨盤底筋…骨盤の最も下部で、ハンモックのように内臓を支える働きをする。

るには腹腔壁すべてを固める、つまり緊張させなくてはいけません。主な筋肉は横隔膜、腹横筋、骨盤底筋です。どこかに緩みがあると腹圧は上がりません。つまり息を止めていきむ状況にならないと風船状態にはならないのです。息を吐く時にはかなり近い状態になりますが、息を吸う時には必ず腹圧は下がります。ボクシングでパンチを打つ一瞬、重量挙げでバーベルを挙げる一瞬、野球でバットで球を打つ瞬間、テニスでラケットでボールを打つ瞬間など、グッと息を止めてやるような運動時ならわかりますが、短距離走でも呼吸しなくては１００ｍも走れないし、ましてやフルマラソンの間、息を止めて腹圧を高めておくなどということが無理なのです。

バーベルやメディスンボールを胸の前に両手で持って腹直筋や腹斜筋を固めて左右に振ると、すごく体幹ユニットには効いている感じがします。ところがランニングしている時に、このようにお腹に力を込める動きをしていたら呼吸しにくいのです。身体もギクシャクとした動きに陥ります。骨盤も動かしにくくなります。つまり、運動をしている時と筋肉の使い方が乖離してしまっているのです。それを、体幹インストラクターは当たり前のように腹圧を高めると説明しています。ランニング時には、楽に呼吸して楽にお腹を動かせるようにしておくべきなのです。

●体幹を固めたところで着地衝撃には抗えない

そもそも体幹信仰派は、ウォーキングの時にもお腹を固めて歩こうとするのでしょうか。いちいち固めて歩いていたら辛いし呼吸もしにくいし、そもそも疲れますよね。では歩く時には固めないけれど、走り出すと固めるのでしょうか。スロージョグではどうなのでしょうか？　固めませんよね。固めるべき局面は、ウォーキング時にもランニング時にも一切ありません。

ランニングにおける着地時に腰が折れたり腰が引けたりする映像を見て「体幹が弱いからだ」と指摘する向きがありますが、それは自然な人間の反射であり、無意識に地面から受ける衝撃を相殺しているのです。ランニングでは、着地時には体重の3倍程度の衝撃が足に掛かるとされています。体重60kgの人で180kg。下り坂はさらにスピードも上がるので5倍以上になるともいわれています。300kgですよ。体幹を鍛えたところで骨盤が動かないようにできるわけがありません。骨盤が着地衝撃によって前傾するのは自然な動きです。また骨盤の支持脚※側が上がり、遊脚※側が下がっているのを見て「水平でなくてはいけない。体幹が弱いな。鍛えなくては！」と指導者は言いますが、実際トップクラスの選手ですら着地衝撃で骨盤は斜めになっています。これもまた自然な人間の体幹の動きなのです。

※支持脚・遊脚…荷重が掛かっている側の足、および掛かっていない側の足のこと。17ページの下肢の筋肉および動作名称図を参照。

腹筋をがんがんに固めて腰が折れないようにカチカチに力んで走っている選手は、腰痛を抱えたり故障続きな印象があります。

ただ、陸上競技としてランニングをする以上、あくまで巧緻性※の話になりますが、緩めるところは緩め、自然に固まるところは固まる。その時点で余裕度があった方がいいので、腹筋は鍛えていて損はありません。

●お腹を膨らませることで骨盤が前傾する

世の中には、ビール腹の男性を「包容力があって好き！」という女性もたくさんいます。しかし、ウエストサイズが85㎝以上あると生活習慣病になるメタボリックシンドロームの恐れがあるなんていわれてしまうと、何となく肩身が狭いものですよね。私も以前は体重が85㎏あり、でっぷりしたお腹だったので、ことあるごとにお腹を引っ込めるクセがついてしまっていました。なので、ランニング時でも最初はお腹が出ているのが恥ずかしく、呼吸が苦しくなってもなかなかお腹を緩めることができなかったのです。クセづけは恐ろしいものです。横隔膜は腹式呼吸で大きく動きますが、なかなかその動作もできませんでした。最近はようやくお腹周りの脂肪もなくなってきて、

「そうか、もう凹まさなくてもそんなにお腹が出てる感じでもないんだな」

※巧緻性…体の使い方のこと。スポーツにおいて重要な要素の一つ。

と、安心して緩めることができるようになりました。普段、デスクワークで屈んだ姿勢に慣れてしまっている人は、お腹を凹ませて骨盤を後傾させて椅子に座っている人も多いでしょう。たぶん皆さんの中にもお腹を引っ込める意識が強く、膨らませることができなくなっている人もいるかと思います。さらに、ランニングで腹式呼吸をしながら走ることも苦手な人が多いかもしれません。横隔膜を大きく動かせなくなっているのです。

実際のランニング、特にサブスリーを狙うレベルになると、いやがおうにも腹筋は使います。緩めるのも膨らませるのも一苦労です。勝手にお腹は締まっていきます。お腹に限らず、全身の筋肉も意識的に固めようとか力を入れようとするのではなく、とにかく緩める意識を持った方がよいのです。そして、筋肉は緩んだ状態からが最大限のパワーを引き出せます。そうでなければスポーツの巧緻性が台なしになってしまいます。

皆さん、お腹を膨らませてみてください。すると勝手に骨盤は前傾します。逆に言うと、お腹を膨らませると骨盤は前傾しかできません。

ドローインでお腹を引っ込ませると背骨のS字湾曲※が後方に下がり、骨盤が後傾してしまいます。「ドローインさせて走りましょう」ということは、骨盤を後傾させて走りましょうと言っているのと同じ意味になります。力も入りません。お腹は膨らませるようにした方が骨盤も楽に前傾するし動きやすくなります。現に、ケニアやエチオピアの長距離選手

※背骨のS字湾曲…背骨は横から見ると緩やかにS字型に湾曲している。首は少し前に、肋骨のある部分は少し後ろに、そしてお腹の部分では少し前に位置している。

はドローインなどせずにお腹を膨らませて走っています。

また「骨盤底筋や肛門の括約筋を締めましょう」という類いの文献も散見されますが、これらもまた骨盤の後傾を助長します。また走りながらそれら骨盤底筋群を締めようと意識して力を込め続けるのは全くナンセンスです。

●体幹は緩める意識が大切

腹筋起こしが10回できないと走っちゃいけない、とするマラソン指導書があります。私は足を押さえてもらわないと、腹筋で上体を起こすことは1回もできません。しかも、手はおへそのあたりに伸ばさないと起こせません。ランニング雑誌で、筋力不足が瞬時にわかるチェック方法として、足を組んで椅子から立ち上がれなかったらマラソンで筋力不足、と書かれていましたが、私はフラフラして立てませんでした。使うのは、お尻や太腿の筋肉でしょうか。あとはバランス感覚が求められます。その筋力レベルですが、一応サブスリーランナーです。単体の筋力勝負だったら、私は成人男性のなかでも力が弱い方だと思います。さらに前著でも触れましたが、私は膝の前十字靭帯[※]が切れています。足首を骨折して左右で大きさも可動域も違います。足首が固くてうまくしゃがめません。自分の身体のポテンシャルを考えるとがっかりします。私はランニングは単純なスポーツだけに、巧

※前十字靭帯…膝関節の中にあって大腿骨と脛骨を結ぶ靭帯。切れると膝の安定性が下がり、日常生活は送れるが競技レベルでのスポーツは難しいといわれる。

緻性を高めることこそが大切だと思っています。そして巧緻性を高めるには力を入れないことです。力を入れないからスムーズに動きます。きれいにコーディネートされた動きになります。体幹を固めることでスピードが上がるのならなんぼでも固めたいと思います。しかしその効果はないと思っています。私が常に心掛けているのは脱力です。

私は春から秋に関してはトレイルランニング※を楽しむことも多いのですが、一緒に走る人から「体幹が強いね」と言われます。上りも下りも1本の棒のように上体がブレないで走っていると形容されます。でも私は体幹は全く強くありませんし、腹筋を固めたり力んだりして走っていません。力んだとたんにバランスを崩してコケると思います。

誤解されないように重ねて書きますが、腹筋は鍛えておいて損はありません。体幹トレーニングもやって損はありません。ただ、それをひたすら締めようとか凹ませようとか、固める意識は持つべきではないということです。

※トレイルランニング…主に山岳地帯などの不整地を走るランニング。近年は大会も多く開催されている。

5 日本人は果たして骨盤後傾なのか？

●アフリカ系選手の生まれつき骨盤前傾は見た目からの思い込み

前著では「アフリカ系選手は生まれつき骨盤が前傾していて走りに適している」という定説に対して「アフリカ系選手は生まれつき骨盤前傾もしていないし、足はただ置くだけでバネを使った走りもしていない」と書いて、かなり反響を呼びました。アフリカ系選手は大臀筋が大きく発達しているので骨盤が前傾しているように見えるだけです。一方、日本人選手は生まれつき骨盤が後傾していて走るのに適していないという説も蔓延しています。

ところで、なぜ骨盤前傾だと走りやすいのでしょうか。どうやら骨盤が後傾していると前に振り上げやすいが、後ろには蹴り出せない。骨盤前傾だと前に振り出しにくいが、後ろにはトラクションを掛けやすい。何となく言いたいことはわかりますけれど、そもそもこの考え方自体が、骨盤の下に股関節があって足が前後に振られているギッタンバッコン意識ですよね。

元400mハードル選手で世界陸上銅メダリストの※為末大《ためすえだい》さんは著書『日本人の足を速

※**為末大**…400m ハードル日本記録保持者。2001 年と 2005 年世界陸上ヘルシンキ大会で銅メダルを獲得。オリンピックは 2000 年シドニー・2004 年アテネ・2008 年北京と、3 大会連続で出場した。

くする』（新潮新書）で「欧米人と日本人では、生まれつき骨格が違う」として、骨盤後傾を挙げて日本人は腿上げは楽にできるので「ピョンピョンとムダに跳び上がるイメージの走りになってしまいます」と書いています。そのためには「上に逃げがちな推進力をムダなく前に持っていくためには、下に押さえ込む意識が必要」だそうです。為末大さんだけではありません。

４００ｍ走の日本記録保持者、高野進※さんも、日本人は骨盤後傾しているために足を引き上げる運動には適していて、意識しなくても自然に高く上がると『走れ！　ニッポン人』（文藝春秋社刊）で語っています。１００ｍ走の日本記録保持者の伊東浩司※さんは『最強ランナーの法則』（ＭＣプレス刊）で、日本人は骨盤が後傾しているので無駄なパワーを使ってしまうからできるだけ素早く足を地面に戻すことを考えて「忍者走法」を編み出したと書いています。往年の名選手、監督の類いは、判で押したように「日本人は骨盤後傾、欧米人は骨盤前傾論」者です。

ところが、下に押さえ込んだり、素早く足を地面に戻す意識、実はこれ、海外の選手なら誰でも実践していることなんです。男子トラック長距離５０００ｍ・１００００ｍ世界記録保持者、エチオピアのケネニサ・ベケレ選手の走りは、後ろへの跳ね上げはお尻に踵が当たるほど強烈ですが、それに比べると、膝は前側にはあまり上がっていません。ウサ

※高野進…オリンピックは1984年ロサンゼルス・1988年ソウル・1992年バルセロナ、世界選手権は1983年ヘルシンキ・1987年ローマ・1991年東京と、いずれも３大会連続で出場した。
※伊東浩司…世界陸上1991～1999年の五度出場、オリンピックは1996年アトランタ・2000年シドニーの二度出場。

イン・ボルトら短距離走の選手も高いスピードで膝が大きく振り出されていますが、筋出力を調べてみると、膝を上げようとしているのではなく、太腿の裏側のハムストリングスが稼働して、逆に地面に早く着地させようとしていることがわかっています。

そもそも日本人の皆さんは、走る時に、自分の身体がピョンピョンとムダに跳び上がっているように感じますか？　前に進む力が斜め上に上がっているように感じますか？　そんなことないですよね。往年の選手がそう感じてしまうのは、かつて陸上競技界に蔓延していたある意識が根底にあるのです。

●日本のランニングを世界から遅らせた間違った走りの意識

思い起こされるのはマック式スプリントドリル。ポーランド人コーチで数多くの名選手を育てたゲラルド・マック氏が、日本陸連の招聘で１９７０年代に何度も来日しランニングクリニックを開催しました。陸上競技の雑誌はそのドリルを大きく紹介して選手、指導者は見よう見まねで練習に取り入れました。

写真で見る外国選手は腿が高く上がって、膝から下も前に大きく振り出されていました。そのイメージが日本選手、指導者に強烈に焼きつき、つい最近まで「膝を高く上げる、膝下を振り出す」走りは日本陸上界の基本理念とされ、腿を高く上げれば速く走れると信じられてきたのです。

左は1991年に東京で開催された第3回世界陸上競技選手権大会の後に発行された『世界一流陸上競技者の技術』（ベースボールマガジン社）においてバイオメカニクスの面から短距離走における動作区間を四つに分けて疾走速度を分析した図です。前著にも掲載しました。四つの図にそれぞれ「①振り出し」「②振り戻し」「③引きつけ」「④腿上げ」と動作名称が書かれていますが、振り出し、振り戻し、引きつけ、腿上げ、いずれも能動的な行為として当時の指導者は捉えていたのでしょうか。実はこれらはいずれも受動的な行為です。例えば「引きつけ」だと、いかにも選手が意識して※ハムストリングスの筋収縮で行って引きつけているように誤解してしまいますが、これは実は逆で、大腿部を前に振り戻そうとしている作用反作用で、膝下が勝手に上に「撥《は》ね上げられ」ているだけなのです。つまり「引きつけ」の時点でのハムストリングスの筋出力はほぼゼロに等しいのです。

※ハムストリングス…大腿後面にある大腿二頭筋、半膜様筋、半腱様筋の三つの筋肉群のこと。17ページの下肢の筋肉名称図を参照。

しかし、現在でも「お尻に踵をつけるような意識で走りましょう」と指導するコーチはたくさんいます。

また、前に振り出された太腿から膝下が勢いよく振り出されますが、「振り出し」という動作名称とは裏腹にこれもまた作用反作用。膝下を勢いよく振り出そうと大腿四頭筋や足先に意識的に力を加えているのではなく、前に振り出された足が地面に素早く着地しようと、急激に前向きの力にストップがかかっているために膝下が受動的に「振り出されて」しまうのです。だからこの時もまた大腿四頭筋に力は入っておらず、むしろハムストリングスに筋出力が発生しています。

つまり、これら四つの局面の疾走スピードを計って海外の選手との比較をしてもしょうがないのです。重要なのは着地から前方に振り戻す局面です。日本人選手は往々にしてこの局面で足を固めて、まだ後ろ向きに拇指球[※]やつま先で蹴り出そうとしています。離地をなるべく遅らせるなんてもってのほかです。ここで骨盤の前への切り替えが速いことが疾走スピードを決定します。着地した足を後ろ向きに掃こうとしてはいけません。遅くなります。すぐに前に戻すだけでよいのです。今までこれを意識していなかった人は、意識するだけで明日から速くなります。

それについて日本陸連の元強化委員長の原田康弘氏[※]は「日本の短距離はあれ（マック

※拇指球…足の裏の親指の付け根付近にあるふくらみ。ここと、小指側の小指球と踵とでアーチをつくり、身体を支える。

※原田康弘…200m 走と 400m 走の元日本記録保持者。1989 年から日本陸連強化委員会男子短距離部長、1997 年からは女子短距離部長、2003 年からはジュニア育成部長を務め、2012 年強化委員長就任、2015 年の北京世界陸上の不振で辞任した。

式ドリル）で10年遅れたと思います」と述懐しています（『月刊トレーニングジャーナル』２００７年４月号）。しかし、今でもマック式ドリルを信じている指導者や選手もいるかもしれません。というのも、十種競技のリオ五輪の代表で開会式で旗手も務めた※右代《うしろ》啓祐選手が２０１３年に、膝を上げて、歩幅を大きく走ろうとして足を上げる筋トレをやったけれど「膝を上げようとすると、身体が反ってしまって、何かぎこちない」と感じてやめ

一所懸命、高く膝を上げて腿上げドリルをやると、骨盤が後傾して地面をひっかくような走り方になる。

※右代啓祐…十種競技の日本記録保持者。世界陸上は2011年大邱・2013年モスクワ・2015年北京と、オリンピックは2012年ロンドン・2016年リオと出場。

た、とインタビューで答えています（『NumberDo』２０１５年19号）。２０１３年はつい最近ですし、リオ五輪に出た選手が、ですよ。いまだに陸上競技界には根深く腿上げ信仰は残っているのかもしれませんね……。

残念ながら為末大さんですら、その呪縛から解かれていないようです。腿を高く引き上げて走ろうとすると骨盤は必然的に後傾します。いつのまにか、腿上げ走を一所懸命する日本人は骨盤後傾している、といわれるようになりました。単に膝を上げようとするから骨盤が後傾しているだけにもかかわらずです。そして、アフリカ系選手特有の大きく発達した臀部を見て、指導者たちは「欧米人は生まれつき骨盤が前傾している」と言い出したのです。これも単に見た目です！

バイオメカニクスの関連論文でも、ケニアやエチオピアのランナーに関して大規模な調査で生まれつきの骨盤前傾を示すものはありません。もちろん日本人の骨盤が、生まれつき後傾しているとする研究データもありません。実際、日本人より猫背で、普段、骨盤が後傾している欧米人はたくさんいます。日本のマンガやアニメに登場するキャラクターは、胴が短くとても足が長いですよね。これも日本人の体型コンプレックスからきているのものだと思います。そして欧米人骨盤前傾論にその一端が現れているのではないでしょうか。

ではアフリカ系ランナーはなぜ速いのでしょうか。脛部の長さと細さによるストレッチ・

ショートニング・サイクル（SSC＝stretch shortening cycle 伸張・短縮サイクル）の有効利用を挙げる研究者は多いです。私はもっと単純に、彼らは膝下が長くテコの原理で推進力を得られやすいのだと思っています。脛部だけで考えるとインド人の方が人種的には長いそうです。しかしインド人のマラソンランナーが世界を舞台に活躍した話はあまり聞きません。インドは5月、6月は平均最高気温40度。50度近くに上昇する日もある高温の国。外でのランニングは死にも直結します。街中に犬や牛やリヤカーが行き交い、安全にランニングができる環境もありません。

皆さんはアフリカというと暑いイメージを持っているかと思いますが、ケニアの大峡谷が連なる西部のリフトバレー地区は年間の平均気温は15～20度と涼しいのです。高地で標高は2100～2400mあります。当然、酸素は薄く、そこに住んでいるだけで高地トレーニングになるような最高の環境です。酸素濃度が薄いと人間の身体は酸素を取り込みにくくなり、血中の酸素濃度が低下します。身体中に酸素を十分に行き渡らせるため、血液中で酸素を運ぶヘモグロビンと、筋肉中に酸素を運ぶミオグロビンが増加します。彼らが高地に比べ十分な酸素のある平地に下りると、酸素の運搬能力や筋肉での酸素消費能力がアップしてマラソン大会に臨めるアドバンテージがあるのです。

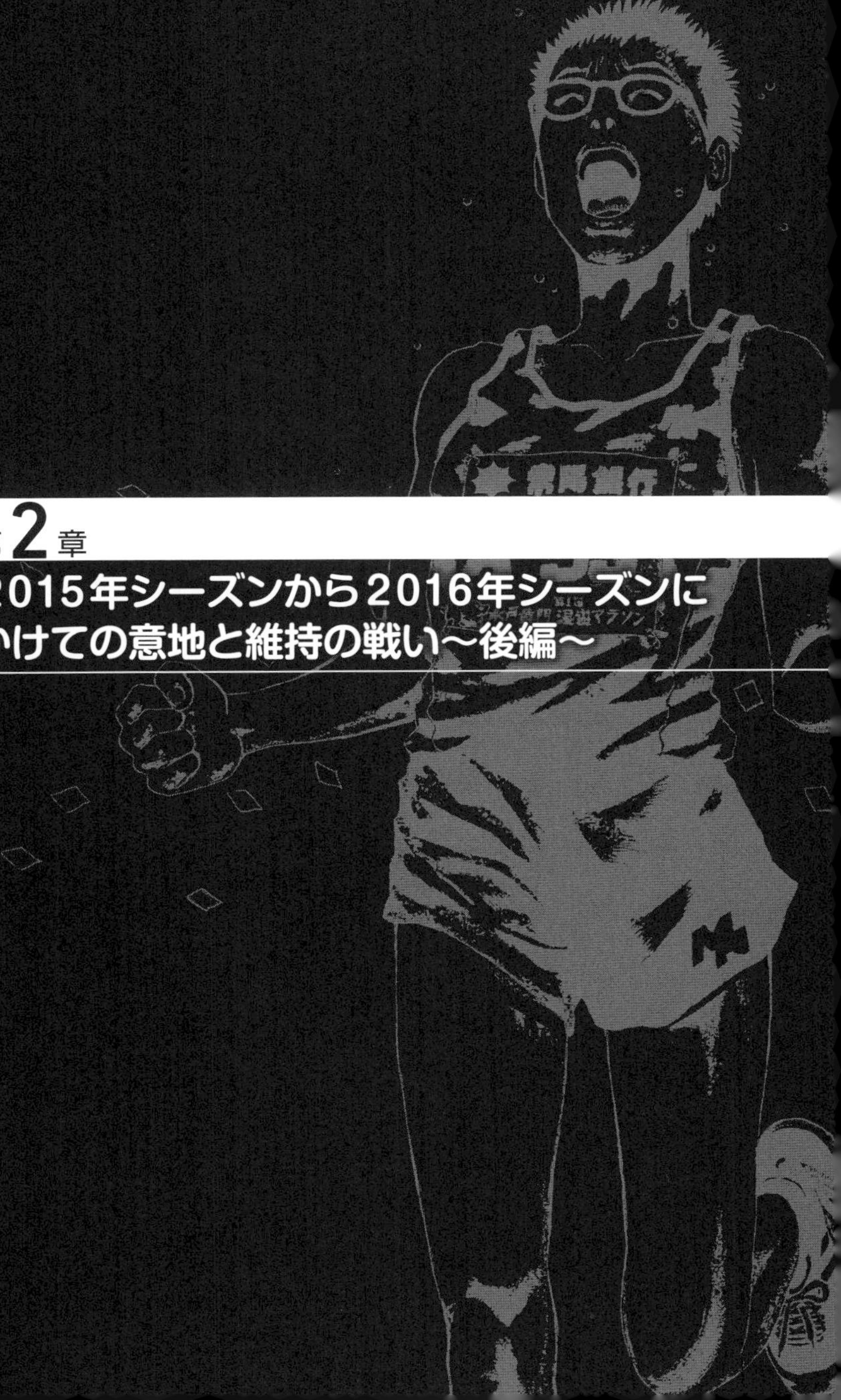

第2章

2015年シーズンから2016年シーズンにかけての意地と維持の戦い～後編～

●一縷の望みをかけて出版社と掛け合う

53歳のマラソンシーズンを、秋のつくばマラソンを走らず、春の板橋ＣＩＴＹマラソンの1本だけに絞っていたツケが回ってきました。少し楽観視していたのもあったと思います。4月にかすみがうらマラソンがありましたが、すでにエントリー時期は終わっていました。以降の夏場の大会は暑くてタイムを出すのはかなり厳しいのです。発売予定のタイトルに「サブスリー（＋2分）」とつけて出す提案もありました。しかし私にはそれは受け入れられなかったのです。

マラソン情報を調べてみると、2016年のマラソン大会で私の誕生日、11月1日のほんの2日前ですが、公認大会があることを知りました。10月30日に第1回水戸黄門漫遊マラソンが行なわれるというのです。第1回から公認大会で陸連公認コース。前著では「運動オンチで85kg52歳フルマラソン挑戦記！」という副題がつけられていました。「まてよ、誕生日は11月1日なんだから、その2日前でも達成すれば53歳というタイトルがつけられる。そして秋は無理でも頑張れば冬には出版できる」

「この大会で必ずサブスリーを出します！」と一縷《いちる》の望みをかけて編集さんと交渉して、何とかその日まで待ってもらうことになりました。もちろん、それまでに書き上げられるところは書き上げるという約束もしなくてはならず、前著のように集中して執筆作業する

※**中山竹通**…1980年代後半から1990年代前半に瀬古利彦や宗兄弟、谷口浩美らと日本マラソン界をリードした選手。1988年ソウル、1992年バルセロナオリンピックともに4位入賞。

のではなく、サブスリーを賭けてのキツい練習をずっと継続しながらの執筆となりました。

川内優輝選手や往年の名ランナー中山竹通さん、※小出義雄監督※の大会に向けての調整の仕方や、ケニアのトップランナーたちの練習法を見るにつけ、1年を通して高い練習量を維持して、2週間ほど前から練習強度を落とす「テーパリング」をして疲労を取りつつ、調子を上げて本番に臨むという方が大会に合わせやすいと感じました。実際、私の周りの一般市民ランナーも1年を通していっぱい走り続けている人のほうが結果を残しているし、その記録の伸びもいいです。なので前著の執筆時のような完全なオフはなくし、期分け※の概念は残しつつ、夏場は多くの距離走を入れるようにしました。

日本には四季があります。秋に行われるマラソンは、夏場の暑い時期から走り込みがスタートします。当然、暑い時期は体温も上がり高いスピードを出しては走れません。最大酸素摂取量（VO_2max）も暑いと高くなりません。地球温暖化の影響かわかりませんが近年は36～39度まで最高気温が上がる場所も日本国内では続出して、日中走ること自体が危険な時もあります。9月、10月と徐々に気温が下がり、夏バテや熱中症などに対策ができて体調を崩さないまま走り込みを続けられたランナーたちは、

※**小出義雄**…佐倉アスリート倶楽部代表。鈴木博美、高橋尚子、有森裕子、千葉真子、新谷仁美らを育てた女子マラソン界の名伯楽。
※**期分けの概念**…前著で詳細を詳述。１年間をいくつかのシーズンに分けてレース当日に向けて数カ月前から距離持久力、スピード、スピード持久力などテーマで分けてスケジュールを構築する。練習ボリュームは１カ月前に最大になり、大会前に向けて徐々に落としていく。主に準備期、鍛錬期、試合期、回復期と期分けされることが多い。

ここで大きく調子が上向きになるはずです。

東京都心部では暑いので速いペース走は控え、富士登山競争※に出走するラン友さんに便乗して、3回ほど富士山駅から頂上まで登って下りる42km走をしたり、奥多摩駅から雲取山の往復40km走をしたり、とにかく夏場は山で足をいじめ抜きました。スピードを維持するために普段お世話になっているランニングクラブのインターバル練習も週に一度、やりました。クラブの先輩Kさんから「今までで一番キレキレなマラソンボディに仕上がってるね」と言われました。秋口からは他にもう一つクラブを紹介してもらい、練習会に参加して集団ペース走を増やし、30~35kmのロング走でスピード持久力を磨きました。秋になり、気温が下がり始めると、確かに最大酸素摂取量がかなり向上したように思えました。

大きな故障もなく継続的に充実した練習ができたという感触はありましたが、不安はいっぱいです。加齢は刻々と進むわけですから。統計では1年で1分30秒遅くなっていくというデータがあります。54歳の誕生日の前々日ですから、前回のサブスリー達成からほぼ2歳、歳をとっていると考えると、それだけで3分遅くなってしまうわけです。風邪や大会間近の故障も心配です。当日の天候も気がかりです。強風や大雨での出走になったら走りきれるのだろうか。「結局サブスリーできませんでした……笑」では、今度は納得してもらえるはずがありません。出版社には今の時点でもう多大な迷惑を掛けています。そ

※**富士登山競走**…毎年7月に山梨県富士吉田市で行われる山岳マラソン。標高770mの富士吉田市役所前から出発して富士山頂上まで一気に駆け上がる標高差3000m、気温差20度以上の過酷な大会。市民ランナーの中では「フルマラソンでサブスリー」「100kmウルトラマラソン10時間以内で完走」とともに、富士登山競争完走を達成することを「グランドスラム」と呼んでいる。

う考えると、プレッシャーに押し潰されそうになりました。困ったのは連日の不眠症に悩まされたことです。練習で疲れているのに眠れないのは辛かった。こんな経験は初めてでした。やはりストレスだったのでしょう。そういう意味では、サブスリーを達成してから出版の話が出た前著の方が全然気が楽だったといえます。

不安をよそに「53歳でもサブスリー」というタイトルだけは一人歩きして、カバーデザインまで進んでいました。もうこうなったら後に引けない。

●第1回水戸黄門漫遊マラソンのスタートの号砲は鳴った

水戸黄門漫遊マラソンの週も毎日午前3時まで執筆作業が続きました。天気予報は前々日まで雨がちでしたが当日は晴れるとなっていました。

そして大会当日……、早朝起きてみるとシトシトと雨が降っていました。マ、マジか！天気予報と違うじゃないか！　パニックに陥りつつも雨雲レーダーをスマホで確認すると、水戸方面は徐々に止んでいく模様でした。実際、東京から向かう電車に乗る時には雨は止んでいました。山手線の始発で向かったのですが、驚いたのは車内がゾンビ列車と化していたことでした。渋谷駅からハロウィンのイベントを夜通し楽しんだ若者が大量に乗り込んでいたのです。マラソン大会に向かう始発の電車がまさかの満員ゾンビ列車で、立つ羽

初めて降り立った水戸の駅ビルは意外とモダンでびっくり……。

目になり面食らいましたが、その後の移動はスムーズに行きました。初めて降りる水戸駅は、駅ビルがモダンでびっくりしました。

大会の会場は駅から徒歩5分、会場入りしてトイレに行きました。着替えを済ませ、ウォームアップに入る頃には会場内のトイレは長蛇の列。少し早めに着いてよかったと思いました。会場の手荷物預かり所は小学校だったので、校庭を軽くジョグで周回してから流しを4～5本繰り返しました。しかし、前日より急に気温が下がったのか体感温度はとても寒く感じられました。身体が温まる感じがしないのです。国道が8時に閉鎖され、ランナーのブロック待機に移動して、最寄のコンビニでダメ押しのトイレ。これで何か起きない限りゴールまで持ちそうです。

携帯するのはエナジージェル二つと塩タブ4個。手袋、薄手のウインドブレイカー。右手には今回のマラ

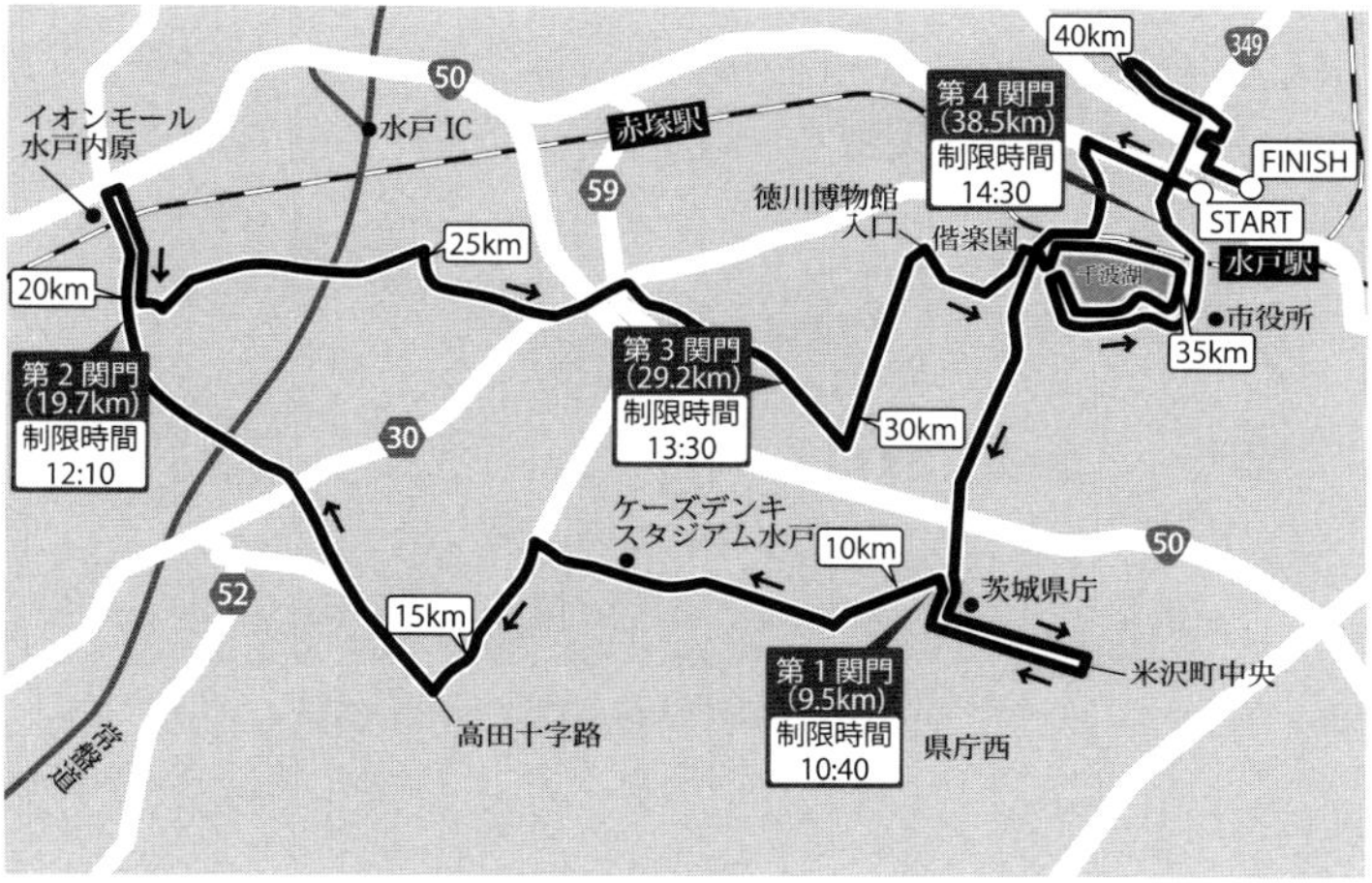

2016 水戸黄門漫遊マラソンルートマップ

ソンでフォームにおいて気をつけるポイントを書き連ねました。意外と走っている途中では思い出せないものなので。左手にはGPSウォッチ、その横にはサブスリーの通過設定時間を書いています。

5キロ　21：15
10キロ　42：30
15キロ　1：03：45
20キロ　1：25：00
25キロ　1：46：15
30キロ　2：07：30
35キロ　2：28：45
40キロ　2：50：00

今回スタート待機で悩まされたのはやは

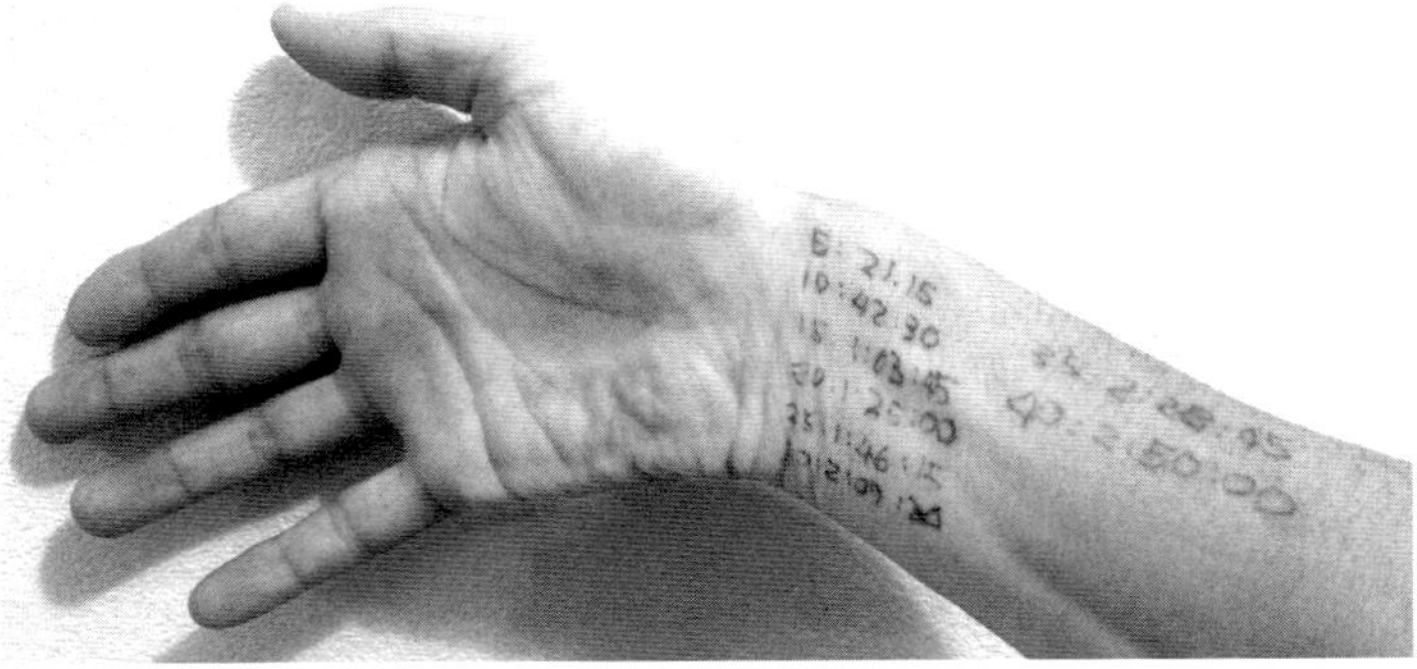

腕には恒例となったサブスリーの5kmごとの目標時間を書き込んだ……。

り寒さでした。以前、体重があった人間が、体脂肪を落としすぎるのもよくないのかもしれません。85kgあった頃はずいぶんと暑がり屋だったのですが、かなり寒がりになってしまった気がします。体重は初めてサブスリーを出した時より絞れており、54・5kgになっていました。しかし、皮下脂肪があまりなくなってしまったのか、スタート前の待機時間では本当にブルブル震えてしまうほどでした。防寒対策でホッカイロを持っていったのですが、なぜかほとんど熱くならず。これで雨が降っていたらと思うとゾッとします。

駅前の4車線の国道を使ってのスタート地点は道幅も広く、1万3000人が並んでいます。その中のAブロックでのスタートで、目の前には先導カーや白バイが待機してセレモニーが行われています。それだけでテンションが上がりました。だから半分くらいは武者震いが含まれていたのかもしれません。

「位置について!!」午前9時の号砲でスタートです。さぁ！ サブスリーに向けて春から頑張ってきた成果を見せる時がついに訪れたのです。あの板橋ＣＩＴＹの屈辱を晴らす時がきた！ ものすごく胸が高鳴りました。集団の流れに合わせて走ると1㎞の時点で3分50秒。ちょっと速すぎです。今回はサブスリーをとにかく切ることだけ考えていたので、突っ込み過ぎて後半のガタ落ちだけは回避したいところです。少しペースを落とし、キロ4分から4分10秒におさまるように走ることにしました。バンバンと速いランナーに抜かれて焦りつつも、つられてスピードを出し過ぎないように注意しました。5㎞の給水ポイントで水を飲んだのですが、お腹にちょっと違和感。身体が冷えていた上に冷たい水はよくないかも。不安になって、それ以降は給水を最小限度にとどめました。

15㎞過ぎまではペースを維持できていたのですが、左足裏の感覚があまりないのに気づきました。どうやら痺れているようなのです。指先の感覚もありません。ひょっとしたら待機時にシューズの紐をきつく締めすぎたかもしれない、と思いました。あるいは冷えのためなのだろうか。ぐるぐると脳が回って糖質を消費します。1週間前から調子が悪かった腰も、徐々に痛みを感じるようになってきました。ヤバイな……。エナジージェルを一つ投入です。ちょっと気持ちは楽になりましたが足は痛いまま。ハーフを過ぎてなんとかスピードの落ち幅を少なくしようと、一所懸命、前に足を出しました。91ページのグラフでは5㎞ごとのスプリットタイムなのでほぼ平坦にみえますが、実は1㎞ごとのラップをみるとかなりギクシャクしています。30㎞あたりではかなり大腿四頭筋に疲労感が出て、足が棒のようになってきました。これ、これだよ！　フルマラソンは！　こっからの12・195㎞が本当のマラソン。何度も言い聞かせていた言葉なのに、足と腰の痛みと疲労感に気持ちが折れそうになってきました。

弱気になった私の気持ちには心の声が聞こえてきました。

「3時間切ったからって何か意味があるのか？」

「今ここで歩き出したっていいんだぜ。何も変わらないさ」

「せめてスピード落とそうぜ？　足と腰、とっても痛いんだろ？」

「明後日で54歳だぜ。必死こいて頑張る年齢でもないだろ？」

もう何回その悪魔の囁きに耳を貸そうとしたか。そのたびに思ったのは「これは身体の限界じゃない。脳が勝手に決めている精神的限界なんだ」ということです。「もう無理だ」と思った瞬間に身体が重くなってきます。一度、気持ちが切れたら立て直すことはできません。立ち止まりたい、今すぐ座り込んだらどんなに楽なんだろう。目をつぶりずっと走り続ける苦痛に顔を歪ませながら何度もそう思いました。

思い起こせば、私がランニングクラブにお世話になってから知り合いになった何人もが練習に顔を出さなくなっていました。そういう私も「この練習は自分には強度が高すぎる」そう思っていったん足が遠のいてから1年後にまた通い出した過去があります。不安と恐怖の日々。練習場となっていた織田フィールドの夜間照明が見えてくると憂鬱になってきたものです。照明がついておらず「今日の練習は中止です」そうであることを願ったことも何度もあります。来なくなった人には色々な理由がありました。「仕事の環境が変わり忙しくなってしまった」「体調がすぐれず走れなくなってしまった」「他の楽しい趣味を見つけた」諸々……。

いつも会う知り合いより、会わなくなった知り合いを思い出すことは多いです。

一番最初に私をフルマラソンに誘ってくれた友人もいつしか走ることをやめてしまいました。前著でも書いた、ゴールしたものの時間切れ失格になった私に「何やってンすか」と言った彼です。今でも時々、ひょっとしたらと田舎に帰った彼のジョグノート※を覗くのですが、全く更新されぬまま数年が経ちました。

ランニングクラブで一番親しかった同世代の人も来なくなりました。走力が大体同じで、「必ずサブスリー達成しようよ！」と、お互いに切磋琢磨した時期がありました。おおいに刺激されました。彼とは練習の帰り道にランニングについて語り合ったものです。しか

※ジョグノート…GPSによる距離計測と記録をつけてランナー同士で交流できるSNS。

し、彼は仕事の部署が変わり、次第に来なくなってしまいました。

学生時代、短距離走で都大会の記録を塗り替えた同級生の女性がいました。すごく光り輝いて見えました。同窓会で会うと「へー、マラソンやっているんだ。すごいね」と褒めてくれました。「私は、もうおばさんだから。もう走ったのも遠い昔だよ。過去の栄光なんだ」と笑っていました。

そう、今でも私は走っている。白髪が増えて老眼になって、こんなおじさんになった今でも。子供の頃は体育の時間が大嫌いだった。でも今はこうして走っている。不思議なもんだ。誰のためになんだろうか？　自分のためになんだろう。

ふと我に返ると、左足の痺れはなくなっていました。腰も痛いけれど、でも走るのをやめなきゃいけないほどではない。足はもう棒のようになっているけれど、スピードを落さなきゃいけないほどの故障はない。結局走り続けるしかないんだ。今まで練習で1000㎞以上走ってきたじゃないか。あとたった10㎞やそこらだ。たった皇居2周分だ。頬っぺたを叩き、気合いを入れ直しました。

●52歳に引き続き、53歳でもひぃこらサブスリーを達成！

先ほどから4分30秒を知らせるGPSウォッチのアラームも響いています。場所は千波湖のあたり、マラソンでも一番キツい35㎞付近です。公式サイトで観たコース動画では、早送りのために一瞬で通過しますが、実際の湖のほとんど一周はとても長かったです。ふと気づくと、私の後ろに風除けのようにピタッとついているランナーさんがいました。前回サブスリー達成の時にやった引っ張り合いを思い出しました。おそるおそる声を掛けてみます。「引っ張り合いしませんか？」最初、彼は私の意図がわからなかったようですが、200mくらいで前を交代して、走っていく。それだけでペースはグンと上がります。今回も代わる代わる前を交代して、キロ4分5秒まで持ち直して湖の周りを回ることができました。あれで後半の粘りにつなぐことができました。ゼッケンは覚えていないけれど、青いランシャツのヒゲの男性でした。この本を読んでいたら自分のことだとわかるはずなんですが（笑）。彼がいなかったら、そのまま失速していたかもしれません。最後は「遊びの時間はおしまいだ」とばかりにチギられましたが、ずいぶんと背中を追わせてもらいました。瀬古利彦※さんの「マラソンは個人スポーツだが、一人では走れない」という言葉は、色々な意味で名言だと思います。その節はお世話になりました。

また、20㎞過ぎのイオンモールあたりまで何度も抜いたり抜かれたりして同じペースで

※瀬古利彦…1970年代後半から1980年代にかけて、宗兄弟、中山竹通らとともに日本長距離界をリードした元選手、現指導者。15回のフルマラソン出場のうち10回優勝の勝負強さを誇るが、オリンピックでは恵まれず、1980年モスクワはボイコット、1984年ロス、1988年ソウルは入賞を果たせなかった。

走っていた、黄色のアフロさんとも励まし合いましたが、沿道の声援を独り占めしていてちょっと悔しかったです。最後のスライド※でも彼を見かけて「アフロー！」と声を掛けたんだけれど、ちょっと意識朦朧《もうろう》としてたな。無事サブスリーを達成できたのでしょうか。

　不思議なのは前半、あの人すごいな、速いな、全然追いつけないや、と思ったランナーさんが、40㎞過ぎにペースダウンして目の前に迫ってくることです。本当に不思議なスポーツです。手前では負けて置いてきぼりになるのに、最後にはのろまな亀が勝つこともある。足の痛みも後半は消えていました。やはり脳の仕業だったのでしょうか。でも苦しいことには変わりありません。そしてついにフィニッシュゲートが近づいてきました。周りには大歓声が聞こえています。あともう少し！　あともう少しでもう走らなくていいんだ！　時間を表示している電光掲示板の場所がわからず、とにかく闇雲に走ってゴールに突っ込みました。フィニッシュゲートをくぐり抜けて、ようやくスピードを緩めました。ふらふらと歩き出します。一体、何分でフィニッシュしたんだ？　サブスリーできたのか？　確認すると公式のゴールタイムは2時間57分20秒でした。やった！　やった！　気づいたら周りは知っているラン友さんばかりで、お互いに握手して健闘を称えあいました。

　ゴール後に感じたんですが、大会のホームページに掲載されていたコースの動画をあまり見ていない人が多かったようです。私は最後の1週間は毎日観ていたおかげで大体の距

※スライド…折り返しポイント。ライバルとの距離の確認や仲間への声援に最適。

離感がつかめていました。ここからは第二エンジン始動、あの建物が見えたら足を使い切っても構わないと決めていました。おかげで、最後の５㎞は誰にも抜かれなかったと思います。トンネルや壁みたいな坂があってタイム自体は下がっていますが、最後の２㎞はずいぶんとランナーを抜けました。ゴール前の茨城県三の丸庁舎に向かう直線は、動画ではやはり早送りだったので、ダッシュできると思ったのですが、全力で走ったら意外と長くて、ちょっと中だるみしてスピードを緩めてしまったのはご愛嬌です。

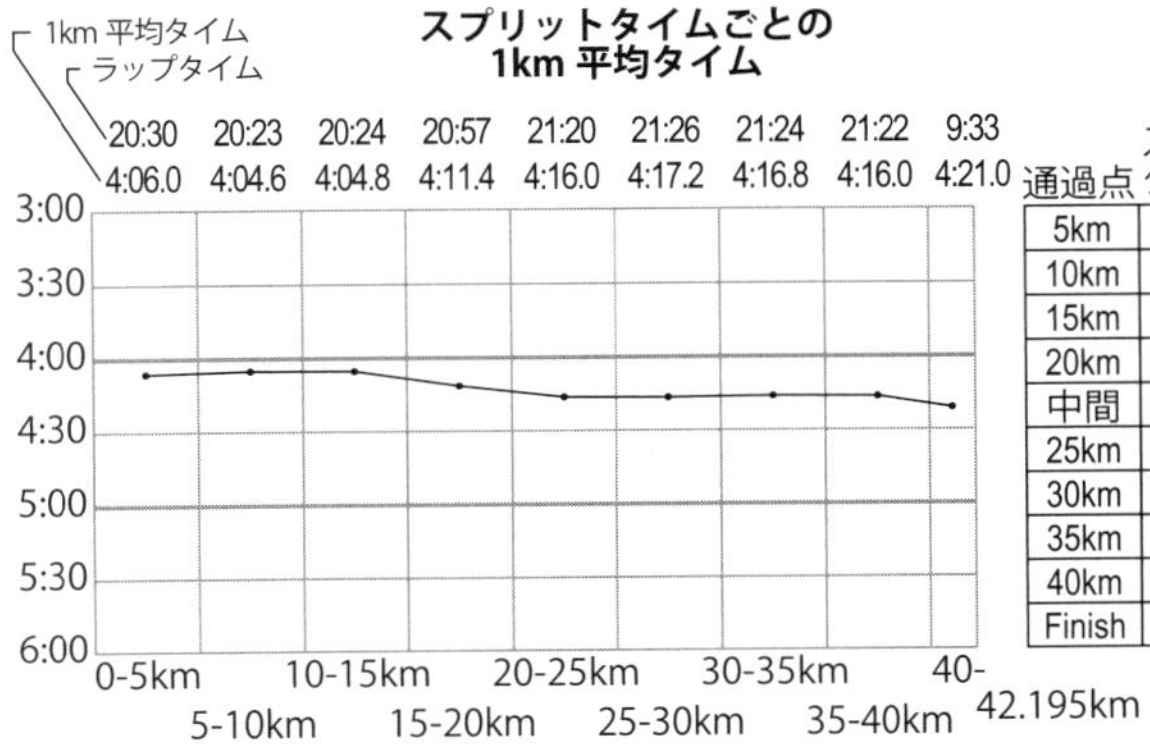

通過点	スプリットタイム	ラップタイム
5km	0:20:31	0:20:30
10km	0:40:54	0:20:23
15km	1:01:18	0:20:24
20km	1:22:15	0:20:57
中間	1:26:59	
25km	1:43:35	0:21:20
30km	2:05:01	0:21:26
35km	2:26:25	0:21:24
40km	2:47:47	0:21:22
Finish	2:57:20	0:09:33

2016 水戸黄門漫遊マラソン結果

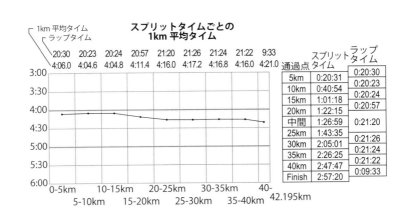

天気　曇　気温（午前9時）11・3度
湿度65％　北北東の風2・8m
平均ペース　4分12秒16
ハーフ通過：1時間26分59秒
グロスタイム：2時間57分20秒
ネットタイム：2時間57分19秒

第一回水戸黄門漫遊マラソンにおいて、2015年に引き続き2016年もサブスリーを出すことができました。53歳、……あと2日で54歳の運動オンチのおじさんが自己ベストも1分ほどですが更新です。とりあえず今回はコレで勘弁してください。ホッとしました。よかった。今までやってきた練習は正しかった。夏の暑い時期にもずっと走って、眩暈《めまい》が起きて体調不良になったこともあったけれど、不眠症でかなり精神的につらかったけれど、本もサブスリーを達成した前提で書かなくてはならず、ずいぶんと苦労したけれど、ずっと走り続けて、それが報われる日がきたことに感謝しました。人生捨てたもんじゃないです。

水戸黄門漫遊マラソンは第1回にもかかわらず沿道の声援が熱く、まるで花道を通る役者みたいな気分になって笑顔で両手で手を振ってこたえてしまう、こっちが笑顔になると沿道の方々もみな笑顔になる、そんなとても暖かい気持ちになる大会でした。途中にいくつか老人ホームなど介護施設があったのでしょうか、車椅子に乗ったお爺ちゃん、お婆ちゃんが精一杯応援の旗を振ってくださって本当に嬉しかったです。感謝の気持ちでいっぱいです。

今回もまた、ギリギリのタイムで薄氷を踏む思いでサブスリーに届いたわけですが、もう一つでも何かボタンの掛け間違いが起きていたらダメだったと思います。こんなひやひやした気持ちで走るのではなくもっと安定した走力がほしいです。それがこれからの課題です。もちろん加齢への抗いにも頑張らねばなりません。

もしサブスリーが達成できなかったら、と思うとホッとしました。キツかった……。苦しかった。そして楽しい42・195㎞でした。これも日頃の練習……。皇居、代々木公園、駒沢公園、多摩川、赤坂御所、神宮外苑、そして奥多摩、富士山、丹沢、高尾など山を一緒に走った全てのランナーさんに感謝の気持ちを伝えたいと思います。今でも練習の時の苦しく、そして清々しい映像が思い浮かびます。掛け声やハイタッチ、走る足音一つ一つにエネルギーをもらいました。皆さんとともに走る時間を過ごせたこと、とても幸せです。ありがとうございました。

第3章

大転子ランニングのススメ

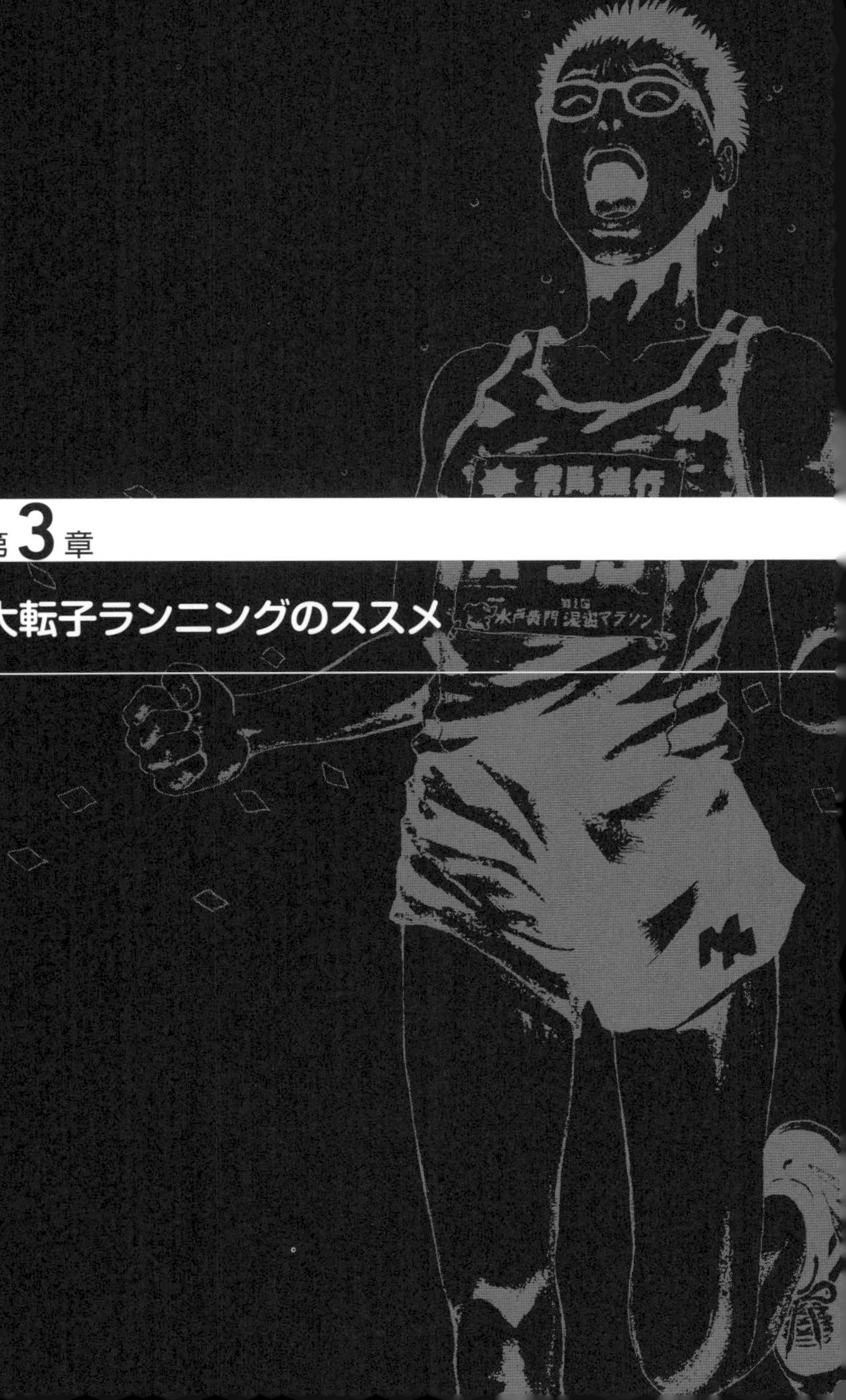

1 土台となる体系化された知識と練習スケジュールを持とう

●ネットも本もランニング情報は氾濫している

現代はネット社会です。マラソンの知識に関しても、誰でもパソコンを開けば簡単に情報が得られます。ですが、簡単に得られる情報には落とし穴も待ち受けています。

書店に行けばランニング雑誌が並んでいます。毎月、これでもかというくらいにランニングの情報が載っています。実用書や新書コーナーには、指導者や元選手の書いたランニング本が所狭しと置いてあります。ランニングの情報が載っています。マラソンには色々な練習方法があります。同じ練習をずっと積み重ねるのもよいですが、大抵は身体が適応してしまい、成長曲線は頭打ちになります。新しい練習を取り入れることにより、身体がまたその刺激に適応しようとして調子が上向きになりやすいのです。そして疲労からも回復しやすくなります。私もおもしろそうな練習があったら試すことがあります。

●体系化した知識は持つべきだがトライ＆エラーも楽しいもの

気をつけなくてはいけないのは、土台となる知識を持っていない段階であれこれ手を出してしまうことです。多くの情報を客観的に読み取り、真贋を見極められるように自身の体系化した知識を持つべきです。

新しい練習を試みた初回はいい感触で走れることが多いのです。ところが、次の練習で同じような感覚で走れるかというと、そうでもない。

「な〜んだ、やっぱ、ダメなんじゃん」

そう思ってやめてしまいます。続ければもっといい結果に結びついていたのかもしれないのに、です。

市民ランナーのブログの中には新しい練習法を試して「今日はすごくいい感じで走れた！」と報告していても、次の日には他の本で得た別の練習を試して報告している場合があります。結果、「すごくいい感じで走れた」日の練習に関してはほったらかしで、フィードバックできていないのです。情報が多すぎて目移りしてしまうのでしょう。すぐに答えを求めすぎて、創造性も育たず、わかったようで、わかっていないままになります。例えていうならば「試験勉強で問題集をたくさんやるけれど、答え合わせをしない」感じでしょうか。結局、身につかないまま他の方法をちょいちょいつまみ食いしてしまい、いつまでたっても成長曲線に入ることができません。

大会にエントリーしすぎのランナーにも同じことがいえます。とりあえずエントリーした大会も「ああ、いい汗かいた。気持ちよかった。打ち上げが楽しかった」で終わってしまい、そのフィードバックもなく次の大会で走ることになります。毎週のようにフルマラソンを入れている人もいます。楽しさを求めるだけのランニングライフだったらそれでもよいのですが、自己ベストを出そうとするのだったら厳しいかもしれません。ついには故障してしまう例もあるでしょう。マラソンのトレーニングにおいて何冊も本を読む必要はありません。オーソドックスに満遍なく書いてある良書が1冊あれば十分です。それを繰り返し読むことによって、その人のマラソントレーニングの体系の基礎ができあがります。

良書とは何か。それはその人のレベルで変わるものです。

宮本武蔵※の『五輪の書』にこういう一文があります。

わが兵法の教えでは、初めて学ぶ人には、その技の簡単で理解しやすい「理」をまず習わせる。徐々にその人の理解度が上がってきたら、深い「理」を後で教える。最初から専門的なことを教えてもその人には理解できないからだ。山登りに例えるなら一層、山の奥深いところに入っていこうとすれば、結局、登山の入口に出てしまうものである。何事の道においても「奥」とされていることがよいこともあれば、「口」とされていることを出した方がよいこともある。学ぶ人の知力をよく計って、正しい道を手順よく教えて、疑いのない心にしていくのが大切なのである。

※宮本武蔵…江戸時代初期の剣術家、兵法家。二刀を用いる二天一流兵法の開祖。
熊本市近郊の金峰山にある岩戸の霊巌洞で兵法『五輪の書』を執筆した。

これはマラソンの練習にもそのまま活かせると思います。ラン友さんの中にはいい練習をしているな、という人もいれば、なんでそんな練習を繰り返しているんだろうと思う人もいます。中には、故障していても大会を数珠つなぎに入れてしまっているので休めず、さらに悪化させている人もいます。『ひぃこらサブスリー』を出版したからか、アドバイスを私に求めてくる人もいます。当たり障りのない範囲で助言することもありますが、これを伝えても本人には意味が伝わらないだろうなと感じることに関しては言わない場合もあります。もちろん本人が自分の道を信じて聞く耳を持たない場合もあります。

その試行錯誤が本人は楽しいのかもしれません。それはそれでよいのです。トライ&エラーはするべきですし、遠回りの道を歩むのは本人が選んでいるのですから、周りからあれやこれやいうべきではありません。ただ、トライ&エラーは体系化した知識があるから成り立つもの。難しいのは自分は正しいと信じているために、限界から能力アップができないどころか故障してしまう場合です。自分の心の檻に閉じこもってしまっているのです。

私は速いランナーにランニングフォームや練習のことについてよく質問します。KさんやNさんにもずいぶん質問しました。「しつこい奴だな」くらいに思われているかもしれません。クラブの先輩が初心者の人にアドバイスしているのにも耳を傾けます。初歩的な答えの中にも必ず閃きがあります。私はまだ速くなるための知識を貪欲に吸収しようと思っています。気持ちの扉はいつも開けていた方がよいと思います。

「何でなの？　どうして？」

子供の頃のように。

●速く走る方法を頭の中で文章化する

私は生まれつき走るのが速かったわけでもありません。子供の頃、リレーの選手に選ばれたことなんてないし、運動会ではビリばっかり。※初めて挑戦したフルマラソンは7時間の制限時間を超えての失格、次の※第1回東京マラソンも6時間かかりました。私が速く走ることができるようになったのは、練習の中でランニングの技術の何が足りなかったかを考え、練習の中で微調整を繰り返して巧緻性を上げていったからです。運動神経がいい、生まれつき速い人はそのコツがもともと備わっているか、飲み込みが早くすぐに自分のものにしてしまう人たちなのです。しかしそういう人たちは一度スランプに陥ると、今までできた走りが何でできなくなったのかがわかりません。そのまま潰れていく選手も多いでしょう。また、他の人にも説明できないからコーチや監督になった時に大変です。遅い人がなぜ遅いのかを理解できていないからです。

※初めて挑戦したフルマラソン…筆者が初めて出場した2006年の荒川市民マラソン。近所のスーパーで買った980円の運動靴で出走。30mの強風が吹き荒れる中、後半の20km以上は歩いた。現在の板橋CITYマラソン。
※第1回東京マラソン…2007年開催。当日、雨から雪に変わるなど、厳しい条件となった。ちゃんとランニングシューズを購入して走ったが銀座あたりで撃沈。以降、ランニングは自分には向いていないと、人生で全く走らない時期に入ることになる。

英語はネイティブで話せる外国人に習った方がいいと思いがちですが、彼らは英語を話せない日本人の感覚がわかりません。アメリカ人や英国人の発音は確かにキレイです。しかし全く話せないところから英語を話せるようになった日本人の先生から習う方が、はるかにわかりやすいのではないでしょうか。

不器用な人間は、多くの時間と努力を費やしてもなかなかうまくいきません。「ちょっと着地する場所が前すぎるか？　いや、もうちょっと後ろか」「膝をもう少し早く戻せないか？　このタイミングで戻すと速いかも」「重心に素早く乗り込むにはどうすればいいのか？」この微調整を何百回と繰り返してフィードバックしていきます。それには二つ方法があります。一つは絶えず自分の走りに疑問を持つことです。もう一つは基本のランニングフォームを理解した上で、世界のトップランナーの素晴らしい走りを動画で見ることです。

微調整とはどうするのか。私は、ジョグの時に思いついたアイデアが自分のランニングフォームに合っているかを、よくストップウォッチで検証しました。自分の感覚のみに頼ると気持ちよく走れていても、実はスピードにはさほど結びついていない場合もあります。その場合、活用するのがストップウォッチです。どちらが速く走れているかを検証するのです。例えば離地※の時に「親指で蹴り出す場合」、「拇指球で蹴り出す場合」と「蹴らない

※離地…着地した足裏が地面を離れること。17ページの下肢の筋肉および動作名称図を参照。

ですぐスッと抜く場合」のタイムを計ります。スマホなど動画で撮影する場合もあります。そしてある程度検証が済んだら、ロングのペース走※で使えるか試します。私は割と20km走や30km走でも、途中で走り方を変えて検証している場合が多いのです。私が目指すのはフルマラソンですので、短い距離をどんなに速く走れても、長い距離で疲れてしまうランニングフォームでは意味がないのです。そのような検証の積み重ねが日々の練習にもなるし、本番レースにも生かされることになります。もちろん、ランニングの動作は、個々の人格のように体格に合わせて子供からの成長過程で当然でき上がったものがすでにあります。その腕の振りや足首の蹴り出し、膝の上げ方、細かい全身の連動をいったんバラバラにして改善することは、ランニングを支配する神経回路をいったんバラバラにして組み替えることであり、大変なことです。

そして、その再構築の結果、私はどうしたら速く走れるのかが頭で理解できており、その一つ一つのポイントが文章化されているのです。長いこと反復練習を繰り返していると、その巧緻性は結果的に速い人のそれと同じレベルに達することができます。そして苦労して身につけた分、その巧緻性には深みがあります。その過程で経験値が上がっているので、スランプに陥っても再現性が高まるのです。他人にも伝えることができるようになります。私の才能、というか秀でていることをあえて探すなら、その部分になるでしょう。あとマ

※ペース走…一定のペースで走ることを目的としたトレーニング。

ンガ家なので、わかりやすく伝えるのも得意です。表現が子供っぽいともいえますが（笑）。

マリナーズのイチロー選手もこう語っています。

「情報があふれていて頭でっかちになる傾向はあるといいます。ピックアップするのは大変。でも物事を極めるのに上達に近道はない。一番、近道を通って上達したとしても、それは深みがなくなる。遠回りってすごく大事。後から思うと無駄だったと思うことはすごく大事。合理的な考え方って僕は嫌い。遠回りすることが一番近道だと信じてます」（テレビ朝日『報道ステーション』）

かっこいいですね！　また、こうも語っています。

「僕は天才じゃない。なんでヒットを打てるのか説明できるから」

イチロー選手は間違いなく天才だと思いますが、天才的な人が努力した結果が、今日の大記録を生んでいるのだと思います。

2 初級者のレベルアップはこうしよう

●いきなり速くなってるじゃないか！　とのお叱りを受けて

前著において一番お叱りを受けたのが「いきなり速くなっているじゃないか！」という部分でした。amazonのレビューでも「キロ7〜8分で走っている自分たち初心者が知りたいのは、どうやったらキロ6分※を切って走れるようになるのか。キロ5分40秒のサブ4にはどうやってたどり着けるのかなんだよ」なんて投稿もありました。

正直に申しますと一介のマンガ家がどうやって試行錯誤して練習したかなんて興味もないだろうと思っていましたし、それら迷走過程を書き記すにはページ数も少なすぎました。

前著では、私がサブスリーを出すために行ったトレーニングを詳細に書きました。しかし、これからランニングを始めようという人や、走り始めてからまだ日が浅い初心者の人たちには、強度の高い練習や解説でやや難しい内容だったかもしれません。というわけで、おこがましい限りですが、この章では、私の考えるランニングを始めようと思った人のためにどうやってレベルアップしていくかを書きました。

ただサブ4やサブ3・5など、少しは触れていますが、時間にこだわって速くなるようなアプローチはしていません。大会までのトレーニングも細かいスケジュールも書いてい

※**キロ6分**…1kmあたり6分のペースで走ること。ランナー同士で走るスピードを決める時によく使われる。

ません。それは各々が時間とのやり繰りで考えてください。前著もそうですが、まるで受験勉強みたいな数字の羅列の本にはするつもりがないからです。「この日はキロ何分で何時間走りましょう。ポイント練習[※]は何曜日と何曜日にしましょう」とかとか。

私自身、かっちりスケジュールを決めるのが好きではないこともありますが、敬愛するアーサー・リディアード[※]さんの掲げる「トレーニングのスケジュールや数字は『仮のガイドライン』でしかない。大切なのは自分の感覚であり、ストップウォッチからの解放だ」という言葉の影響もあります。リディアードさんのトレーニングは、常に自らの身体と相談しながら走るようにといった感覚的なものが多いのです。

遅くから走り始めた人にとっては、今までのランニング指導とはかなり内容が違う、画期的なアプローチだと思います。これらを体感して練習することによって、明らかに速く走れるようになります。全てを取り入れる必要はありません。これから書いてあることは、走るために役立つ色々なヒントが散りばめられています。自分に合った部分をアレンジして取り入れてもよいと思います。

今までマラソンに挑戦してみて4時間の壁を切れなかった中級者も、ランニングフォームを見直して正しい筋出力の意識を持って走るだけでランニングエコノミーが上

※ポイント練習…強度の高い練習を指す場合が多い。

※アーサー・リディアード…1917年ニュージーランド出身の陸上競技指導者。自身がニュージーランド代表として英連邦大会に出場したトップランナーであった。リディアードは、自らの経験、運動生理学の知識を融合し、1960年代以降そのトレーニング体系を確立した。今日の中・長距離のトレーニング理論は、ほとんどがリディアードの影響を受けている。

がり、フルマラソンで20~30分の短縮は可能です。そしてもしサブスリーにチャレンジしようと思ったら(思わなくても……笑)、前著の『走れ!マンガ家ひぃこらサブスリー』を手に取ってください。

●ゴルフとマラソンの相違点とは?

ゴルフとマラソン。全く違うスポーツですが、私は中高年から始める人が多いという観点では、ゴルフとマラソンは似ているなと思っています。皆さんはゴルフの雑誌やレッスン本を見たことはありますか? それはもう「アプローチはこうしろ」とか「スイングは壁を作れ」とか、ものの見事にオール技術書といっても過言ではありません。

ところが、同じように中高年から始めることが多いマラソンは、雑誌でも指導書でも、いきなり「最初は何km走りましょう」とか「120分を楽に走れるようにする」などと数字から入ることが多いのです。時間も「キロ6~8分」から「キロ4分でインターバル7本」※をこなせるようにしましょうとか「10kmをキロ5分」で走りましょうと数字から入ります。指導者も「とにかく距離をこなさないと。ずっと走っていれば自然にフォームは身につくから」と言います。これをゴルフの指導に置き換えてみると、こういう文言になります。

※インターバル…緩急をつけたトレーニング。ハイスピードで走った後、ゆっくりのスピードで呼吸を整え、再びハイスピードで走る。それを繰り返す。

「とにかく打たないと。毎日1000球とか？　ず〜っと打っていれば自然に安全でよいフォームは身につくから」

ゴルフのレッスンプロがこんなこと言ったらどうでしょうか。相手にされないんじゃないでしょうか。

手取り足取り教えてくださいとは申しません。けれど、果たしてこれで指導になりますか。すごく適当というか投げやりな感じがしませんか？

ゴルフで「120分打てるように頑張りましょう」とか「1000球とにかく打ちまくりましょう」などと指導書で書いたって相手にされませんよね。相手は頭でっかちのオトナです。子供ではないから素直じゃありません（笑）。「ラウンドで100を切って回れるように頑張りましょう」って言われても、一体どうすれば回れるんだよ、という話です。そんな体育会系的なノリでこられてもさ……って引かれてしまうんじゃないでしょうか。そんなことより、ゴルフボールが右に曲がらないでまっすぐ飛ぶ方法を知りたいんだよ、とか、もっと飛ばせるようになりたいんだよ、というところではないでしょうか。

簡単にいうと「1000回、間違ったゴルフクラブの振り方（スイング）したってしょうがないじゃん。それよりちゃんとした打ち方を教えて」というのが、ゴルフでレッスンプロや指導書に求められていることです。間違った打ち方を繰り返していたら腰や膝に負担が掛かり、最悪故障してしまうかもしれません。

私たちの身体は生活習慣に順応します。しかし、その適応能力が裏目に出ることもあるのです。手や足をケガした時のかばうような動きが治ってからもそのままになってしまったり、デスクワークで猫背で丸まった背中になっても、肩かけカバンをいつも同じ方向にかけて左右のバランスが歪んでしまっても、身体機能を阻害するような動作パターンのまま生活している人はたくさんいます。だから、ゴルフで1000球間違った打ち方をしたら、その間違った打ち方のフォームに身体が順応して、それがその人にとってシックリいくフォームになります。

しかし「とにかく1000球打ちましょう!」という論理がまかり通っているのがランニングの世界なのです。子供の頃から「走る」という行為は染みついています。しかし、部活を経験しないでオトナになった人や、仕事についてから走ることをほとんどやってこなかった人は、もう走るという動作自体がしっくりこなくなっている場合も多いのです。変な走り方を続けてしまい、悪いクセがそのままになってしまうことがおおいにあります。

●遅くから走り始めた人はフォーム習得から入ろう!

何を隠そう、私もそうでした。子供の頃から運動は大の苦手、鉄棒も逆上がりができませんでした。走るのも大嫌い。大人になってからもマンガ家という職業柄、暴飲暴食に深夜まで夜更かしと不健康な生活習慣を送ってきて、体重も85kgあり、体型も洋梨型で、お腹周りが相当だらしなくなってました。だから、ランニングを始めようと思い立った時に探したのはランニングフォームをイチから教えてくれる本でした。

ところが大抵の指導書には「人には人の走り方があってみんな違う。だからその人にとって速く走れるフォームが正しいフォームです」なんて書いてあります。また「その人の骨格や筋肉のつき方によってランニングフォームは決定されるので、後天的に変えることはできない」とも書いてあります。

「その人の骨格や筋肉のつき方によってゴルフのスイングは決定されるのでフォームは後天的に変えられません」

とゴルフのコーチから言われたらどうですか。正しいフォームは習うべきでも知るべきでもないのでしょうか。

速く走れるフォームが正しいフォームだという話も、またまたゴルフに置き換えると「その人にとって打った球が一番遠くに飛んだフォームが正しいフォームです」ということ。確かにその通りかもしれませんが、そのためにどれだけ試行錯誤しなくちゃいけないんでしょうか。そんなわけで私はあれやこれや、ずいぶんと故障を繰り返しました。後から思うと「こう走っておけばケガしなかったのに」とか「こんな風に教えてもらえてたらもっと速く走れてたじゃん」と思ったことが何度もあったのです。

ランニングフォームには誰もが参考になる黄金律が存在します。物理学的にも解剖学的にも理にかなったフォームです。

現在、市民ランナーに対しての指導者は、元陸上競技の選手や元実業団の監督がほとんどです。学生の選手を指導していたので、習うよりとにかく距離をこなして慣れろ的な指導が多いのです。また、自分の現役時代の経験則でモノを見がちなので、走り方を忘れてしまった大人やバネを失ってしまった中高年への指導のやり方があまりわかっていません。スケジューリングは得意だけれど、ランニングフォームについてきちんと教えられる指導者はとても少ないのが現状です。それどころか、間違ったフォームを堂々と教えている方もいます。ちまたにはそのような陸上競技経験者が書くマラソンやランニングの指導書があふれてます。

私が50歳を過ぎて一念発起して、全マラソン競技人口の3％未満、50代だと1％未満になるサブスリーを達成したのは、ランニングエコノミー※に活路を求めたからです。走る効率性。心肺機能や筋力は若い人にはるかに劣ります。そこで勝負するのは無理！　と最初から諦めていました。大切なのはランニングフォームを洗練させること。走るコツをつか

※ランニングエコノミー…同じスピードで走った時のエネルギー消費の量のこと。「燃費」のような概念。洗練されたランニングフォームが鍵となる。

めば、重たかった自分の身体が突然浮いて跳ぶように走れるようになるのです。楽に速く長く、そしてケガをせずに走ることができるようになって、日々のランニングはとても楽しいものとなりました。そうなると欲が出てきます。自分はどれだけポテンシャルがあるのだろう。一体どのくらい速く走れるのだろう。ものは考え方次第です。学生から陸上部でずっと走ってきた人は、すでに自分の限界が見えているでしょう。しかし、50代から始めた人でも60代からでも始めた人でも、自己ベストを明日から出せるのです。新鮮な、モチベーションの上がる日々が待っているのです。

陸上競技をやったことがない、また学生時代に運動経験はあるけれど、長年何もやっていない人は、とにかくまず正しいランニングフォームの習得から入るべきです。走っているうちに自然に形になっていく、という「覚えるより慣れろ」的な指導は身体に無理がかく学生の時だけに通用する発想です。遅くから走り始めた人は、必ずある程度ランニングフォームを固めてからスピードを上げていくべきです。そうしないとケガをします。スピードを上げればさらにランニングフォームは洗練されていきます。それからさらに距離を踏んでいくべきです。ランニングフォームが間違ったまま走っていては疲れます。それで「遅くてつまらない」と感じてしまいやめる人も多いでしょう。そして、故障したり記録が頭打ちになっているランナーは星の数ほどいます。

何人か知り合いの指導者やコーチの方と話すと、結局ぶっちゃけて返ってくるのは、「だってさ、ランニングフォームを言葉で言い表すのは難しいんだもん」

確かにそうなんです。でも、だからといって伝える努力をしないでどうするのでしょう。同じ動作を何度も繰り返すことによって、その動作は無意識に近いものとなります。よくスポーツのプロ選手が「勝手に体が動いた」と表現する理由です。そして一度、記憶されるとなかなか忘れないようになります。子供の頃に自転車の練習をして、その後、長年乗らなくなったとしても、乗る機会があったらすぐに身体が思い出し、すぐに乗れるようになると思います。たぶん今、自転車に乗っている人は子供の頃にどう練習したか、どのようにしたら乗れるようになったかも覚えていない人もたくさんいると思います。

自転車に乗れない子供に、どうバランスを取ってどうハンドル操作して、どうペダルを踏んで……と口に出して説明するのは、なかなか難しいですよね。そしてパッと乗れるようになった運動神経抜群の子は、他の子がどうしてなかなか自転車に乗れないのかわからなかったはず。自分が何で乗れたのかも、たぶん説明できないのだから当たり前ともいえますよね。いわずもがなですが、私は自転車の補助輪をとるまで、まぁ時間を費やしました。動作は「ああしよう」「こうしよう」という意識下ではギクシャクします。無意識になるまでランニングフォームを高めることが大切なのです。

3 ランニングは個々の筋力よりも巧緻性が大切

●ただ大きくするウエイトトレーニングはケガを誘発する

高重量を扱うウエイトトレーニングは、アメフトやラグビー、格闘技など対人でぶつかり合う当たりの強さを必要とするスポーツには必須といえるでしょう。体操や水泳、テニス、サッカーなどでは筋トレをやる人もいるし、ほとんどやらない人もいます。自分で動くだけで自重のコントロールのみでよいスポーツの種目において筋トレの重要性は巧緻性にはるかに劣ります。バーベルやダンベルなどのウエイトトレーニングをしないマラソンランナーもたくさんいるのはそのせいです。

野口みずき※選手は、女子マラソンでもバーベルスクワットなどウエイトトレーニングを取り入れましたが、その結果、彼女の競技人生はケガとの闘いだったといっても過言ではないでしょう。

日本のプロ野球選手はFA宣言して大リーグに行くと、向こうの選手との圧倒的な身体の大きさの違いに愕然として、ウエイトトレーニングをして筋肉をつけて20～30kgの体重を増やし、結果、失速してどこか故障して野球人生を終えるパターンが多いように思えます。イチロー選手も「やはり体重を増やさなきゃ」と考えた時期があり、体をデカくした

※野口みずき…2003年世界陸上パリ大会銀メダル、2004年アテネオリンピック金メダリスト。女子マラソンの日本記録、アジア記録保持者。「走った距離は裏切らない」という名言がある。

そうです。確かに一時期、太腿や胸の厚みが少し増した時がありました。しかし、オフシーズンで筋トレして春先の開幕戦から不調が続き、シーズン中は筋トレをしないので徐々に筋肉が落ちていく中で、反比例して成績が上がっていくのを肌で感じて思ったそうです。「筋肉は邪魔だった」と。それが答え。

野球は筋肉の鎧が必要なコンタクトスポーツではありません。ゴルフの女子選手も、昔は体重を増やしてガッシリした選手が多かった印象ですが、最近はそこらへんのお嬢さんと同じような華奢な選手もずいぶん増えてきました。

イチロー選手のスゴイのは、たった3kg増量した時点で身体の動かし方に違和感を感じたそうです。多くの選手が引退する中、40代になった今でも現役バリバリのイチロー選手ならではですね。それについて「人間、知恵があるから色んなこと（筋トレ）やっちゃうんですよ。でも持って生まれたバランスがあるから。本来のバランスを崩しちゃダメ。筋肉が大きくなるけれど、それを支えてる腱とか関節は鍛えられないんで、だから重さに耐えられなくて壊れちゃう」とコメントしています。（テレビ朝日『報道ステーション』）

「人体を理解すると、動きとかトレーニングで差がでる。肩甲骨の動きと骨盤の動きが特に大切で、基本的には人体の動きを理解してプレイすればケガはしない」。深い言葉です。

イチロー選手のプレイを観ていると、とにかく身体操作が美しい。キレがあります。身体の隅々まで巧緻性の塊に感じます。やはり自重のみのスポーツであるマラソンにおいて筋骨隆々の身体は要りません。爆発力のある一瞬のパワーより、何万回も開け閉めしても壊れないドアの蝶番のような持続力とバランスのいい筋肉、そして腱や関節が求められます。オリンピックや世界陸上に出る選手は、みな一様に美しく効率のよいランニングフォームを身につけています。

●スポーツは第一に巧緻性が求められる

野球でもゴルフでも格闘技でも、試合前にウエイトトレーニングをやってるシーンがテレビ取材で映し出されます。取材で絵的にいいからというのもあるかと思いますが、大きな試合前に筋トレやってる時点で私が思うのは「この選手、故障してるのかな」、もしくは「この選手、調子悪いんだろうな」です。実戦前には巧緻性を上げる実戦的なトレーニングをせっせと積まなくてはいけません。筋トレしている場合じゃありません。身体を動かすのは筋肉ですが、それらを動かすのは神経系の働きです。神経系と筋力のスイッチのオンオフが連動した、その種目に合った巧緻性を上げるトレーニングが大切なのです。もちろんランニングもそうです。「ランニングのトレーニングはランニング」そう公言する指導者はたくさんいます。確かに、実業団や大学の駅伝部の練習で水泳や自転車をやらせているのを見たことがありません。

ウエイトトレーニングについて、2時間03分38秒の前世界記録保持者のパトリック・マカウ選手も「ジムのトレーニングとストレッチはやらなくてはいけないとは思うが、いまだに全く好きになれません」とインタビューで答えていました。日本のマラソン選手もウエイトトレーニングはやりたがらない傾向にあると思います。

ただ、私は筋トレは不要だとは言いません。筋トレのための筋トレになってはいけないと思うだけです。

名伯楽アルベルト・サラザール※率いるナイキ・オレゴン・プロジェクト※は、積極的にジムワークを選手たちにやらせていますが、筋力を向上させる目的より身体のバランスを整えケガを最小限にするために行われているように思います。ウエイトトレーニングも体幹やバランスを主軸にした種目が大変多いように思えました。

私も、あくまでランニング動作のためになるものだけをやります。巧緻性の邪魔になるものはやりません。私が筋トレをやるのは筋肉の鎧をつけるためではありません。力を抜くことを意識できるようにするために筋トレをしているという感覚です。

フルマラソンは最大の筋力を使って走るわけではありません。だから私は高重量低回数のウエイトトレーニングは、ケガもこわいしやらないです。人間は最大筋力を発

※アルベルト・サラザール…1970年代から80年代にマラソン界を席巻した名ランナー。ニューヨークシティマラソン3連覇、ボストン・マラソン優勝など、アスリートとしても輝かしい実績を持つ。現在はナイキ・オレゴン・プロジェクトのヘッドコーチ。
※ナイキ・オレゴン・プロジェクト…ナイキが2001年に開始した、アメリカの長距離走強化を目的とした陸上競技チーム。イギリスのモハメド・ファラー、アメリカのゲーレン・ラップ、日本の大迫傑が所属。

揮するのに0・6～0・8秒の時間が必要ですが、短距離走で地面に接する時間は0・1秒以下でしかありません。つまり、最大筋力を発揮する前に地面から足は離れてしまっているのです。マラソンはトップランナーで0・15秒程度です。もちろん筋力を高めたとしても、ボディビルダーのような筋量になってしまっては体重そのものが重くなってしまい、膝やアキレス腱などを傷めてしまう危険性が高まります。無駄をそぎ落とし速く走るために特化した筋肉と柔軟性をつけなくてはいけません。そしてこれが重要な点ですが、筋肉を常に緊張させた、関節が動きにくい状態では運動能力は低下します。

高校や大学の駅伝部の女子選手は、筋力において一般男性よりも間違いなく劣るでしょう。しかしそのか細い彼女たちは、マラソンをやっている市民ランナーよりはるかに速いキロ3分台前半で駆け抜けます。

柔軟性においてもそうです。ストライドは、前後開脚の股割りが180度できるようになったからといって目いっぱいストライドをひろげて走るわけではありませんよね。相撲や空手では股割りはできた方がいいでしょうけれど、ランニングはそこまで必要ありません。静止状態ですごく柔軟性が高い人でも、実際のスポーツの場面では身体をカチカチに固くしてしまう人も多くいます。そもそもストライドにこだわると、ピッチが上がらず間延びした走りになってしまいます。

簡単にいうと、そこそこのパワーとそこそこの柔軟性、そして筋肉のスイッチのオンオフのタイミングをピッタリ組み合わせることができるのならば、速く走れるのです。ランニングエコノミーを獲得するには体幹と手足の連動性、つまり巧緻性を高めることが最大の課題ということになります。ケニアやエチオピアのトップ選手と日本人のトップ選手のVO_2max（最大酸素摂取量）やLT※（Lactate Threshold 乳酸性作業閾値《いきち》）はそんなに差がないといわれています。その差はランニングエコノミーなのです。アフリカのランナーの方が楽に走れるからVO_2maxやLTに余裕が生まれるのです。

●巧緻性とは力の単純化である

ではケニアやエチオピアのトップ選手たちは、身体の細かい部分までコントロールが効いているのでしょうか。そうではありません。彼らはもっとランニングを単純化しているのです。

ランニングに限らず、スポーツの動作を初心者にやらせると、身体のどこをどうやって動かしていいのかわからずちぐはぐな動きになりがちです。肩や膝や背中に力みが入ってしまい、翌日の朝は筋肉痛決定です。往々にして身体全体に力が入ってしまって、表と裏の※拮抗筋ともガチガチに固めてしまい、うまく動かせなくなるのです。

※ LT（乳酸性作業閾値）…乳酸自体は再利用されてエネルギーとなるが、運動強度を上げていくとあるポイントから乳酸蓄積量が消費量を上回り、血中の乳酸濃度が一気に高まって筋肉の酸素消費が阻害されてしまう。これもまたVO_2maxと同じく、後天的にトレーニングで高いレベルまで引き上げることができる。

例え話をします。細いロープと太いロープ、色々取り揃えて、つなげて1本のロープにして人間がぶら下がった場合、その強度は一番弱い細いロープの強度以上には耐えられません。どんなに太いロープの強度が高くても、細いロープでつないだ部分が弱ければプチッと切れてしまいます。これは筋肉にも同じことがいえます。人間が鉄棒にぶら下がって、その人がものすごいボディビルダーでぶ厚い胸やでっかい肩を持っていても、握力が弱ければすぐに手が離れて落ちてしまいます。それはランニングにも同じことがいえるのです。足首から膝、そして太腿すべての筋肉を働かせて走ると、結局、末端の足首の筋肉であるふくらはぎが最初に疲れてしまいます。さらに不都合なことに、お尻や太腿の筋肉を最大限に稼働できず、効率よく走れなくなってしまいます。そして、しまいにはブチッと切れて故障しまうかもしれません。多くの方が太腿＋ふくらはぎ＋足首の筋肉を合計すれば、より大きな筋力が発生できると考えますが、そうではありません。つまり、多くの筋肉を稼働させて関節をたくさん動かして走ることはエネルギーの効率も悪く、すぐに疲労を招いてしまうし、無駄でしかありません。

では、速い選手はどうやって走っているのでしょうか。彼らは股関節の屈曲と伸展しかやっていないのです。足首や膝には一切、能動的な力は入っていないのです。股関節だけで走っているのです。力の単純化です。人間の身体は「テコ」の集合体といえますが、そ

※拮抗筋…お互いに反対の動きを行う、対になった筋肉。大腿四頭筋に対して大腿二頭筋、上腕二頭筋に対して上腕三頭筋など。

の力点、支点、作用点をなるべく単純化させるのです。

「ええ？　力を抜いているなら最も弱いロープになっちゃうんじゃないの？」

そうではないのです。膝関節や足首の関節が地面を捉えた時に適切な角度になっていれば、筋電図[※]の値はほぼゼロに近くなります。物理学的にはテコの原理で関節に近いところを作用線が通るようにすれば、足首や膝は筋力をあまり使わなくて済むので、それは筋力ではなく、単なる力を伝達する物質になるのです。全体の力の制約条件にはならないのです。つまり足首や膝は細いロープとはならず、大臀筋や太腿など股関節の大きな筋肉のパワーをぞんぶんに地面に伝えることが可能となります。ケニアやエチオピアのトップ選手がみな膝から下をただ「置きにいっている」のはそういう理由なのです。

股関節の筋肉のパワー

＜

股関節＋太腿＋ふくらはぎ＋足裏の筋肉の合計パワー

ランニングにおいてこの図式が成り立つのが、人間の身体の不思議なところなのです。

巧緻性というと難しく考えてしまいますが、スポーツがよくできる人は使う関節を単純

※筋電図…筋肉が収縮し筋力を発揮している時に、筋活動電位がどの程度なのかを図として表したもの。

化させて、簡単なテコの原理を利用しているにすぎません。初心者ほどテコの支点を多く作り、それぞれを力ませてバラバラな動きになってしまっているのです。

【POINT★1】ランニングは股関節周りの筋肉の伸展と屈曲で行うものであり、膝や足首の筋肉は着地衝撃を受け止めるだけに使用する。よって、意識して膝や足首を固めることはしない。蹴り出すこともしない。膝や足首は意識せずとも勝手にほどよく曲がり、ほどよく固まる。

4 大転子ランニングで楽に長く走れるようになる

●まずは大転子ウォーキングありき

２０１６年に『～あなたの歩き方を劇的に変える～　驚異の大転子ウォーキング』という実用書を彩図社から刊行しました。

キッカケは、いつもマラソンの練習場所として走っている近所の公園でした。所属するランニングクラブで行うポイント練習以外のほとんどは子供たちが遊び戯れる小さな公園で走っているのですが、子供たちや犬を連れて散歩をしている方も多く、速くは走れません。その代わり、ランニングフォームを意識してゆっくり走っています。すると気になってきたのが、同じ公園を周回している老若男女のウォーキング姿勢です。がに股でドタドタ歩いている人、肩や頭を左右に揺らしながら歩いている人、斜めに傾いたまま歩いている人、両手を左右にブンブンひろげて振っている人、ロボットみたいにギクシャク歩いている人、小股で歩幅が狭く歩く人……。共通するのは骨盤を動かせていないということです。カチカチに固まっているのです。仕事のデスクワークで凝り固まった猫背のままで歩いているサラリーマンも多いです。若い人がキレイな歩きをしているかというと、全然そんなことはありません。歩きスマホで腕を振らずにとぼとぼ歩いている人……。そして何よりも感じたのは、肘を張って大股で歩く、いわゆる健康ウォーキングのフォームへの違和感でした。

そういう私もランニングを始めるまで、正しい歩き方なんてきちんと考えていませんでした。いえ、考えていなかったというと嘘になります。街で歩く時、そして駅での乗り換え。何で自分はこうも他の人より歩くのが遅いんだろう……。

「よし、ちょっと大股で歩いてみよう」

頑張ってのしのしと歩幅をひろげて歩くこともありましたが、スタスタと小股で歩く女性にも結局抜かされていきます。そもそも意識して大股で歩くのは疲れます。結局、何かしら歩き方に違いがあるのかな……と漠然と感じつつ、もとのとぼとぼとした歩きに戻り、別にそれで困ることもあまりないので、そのまま過ごしていました。

マラソン、そしてサブスリーを達成するにあたって速く楽に長く走るには、極めて正しいランニングフォームの習得が重要な要素になります。クルマでいうと燃費がとてもよくならないと長くは走れません。ランニングも同じです。そこを突き詰めていくと、日本人の歩き方の乱れが根っこにありました。まさに正しいランニングフォームがわかってきて、正しいウォーキングフォームへのアプローチが重要なのに気づいたのでした。私の名前を前著『走れ！マンガ家ひぃこらサブスリー』でお知りになった方は、次の書籍がサブスリーについてではなく、ましてやマラソンで3時間半や4時間の記録を目指すでもなく、そしてマラソン完走を目指すランニングの本でもなかったことに驚かれた方もいたようです。しかし、ウォーキングというごくごく基本に立ち返った本を書こうと思い立ったのはそういう理由からです。もしご興味があったら、ぜひ読んでみてください。

「まあ、私はウォーキングに関しては完璧だから」

そう自信がある方も、ご自分の歩き方を見たことがない方がほとんどだと思います。故障中で走るのが難しい方にも優しい身体の使い方がよくわかる内容になっています。

とはいえ「ウォーキングから読みたいけれど大会まで時間もないんですよ！」という方も大勢いらっしゃると思います。わかりました。本書では人間の解剖学的にも力学上でも正しい歩き方、大転子ウォーキングを踏まえて大転子ランニングを解説します。

●そもそも大転子ってどこにあるんだろう？

さらりと「大転子ウォーキング」と書きましたが大転子自体の説明もしていませんでしたね。ヒトにおいて身体の中で一番大きな骨、それは大腿骨です(左ページとともに16ページの骨格の名称図を参照)。上部は股関節によって骨盤と、下部は膝関節によって脛骨とつながっています。大腿骨は1本の棒ではなく、よく見るとL字型。これだけでも足は骨

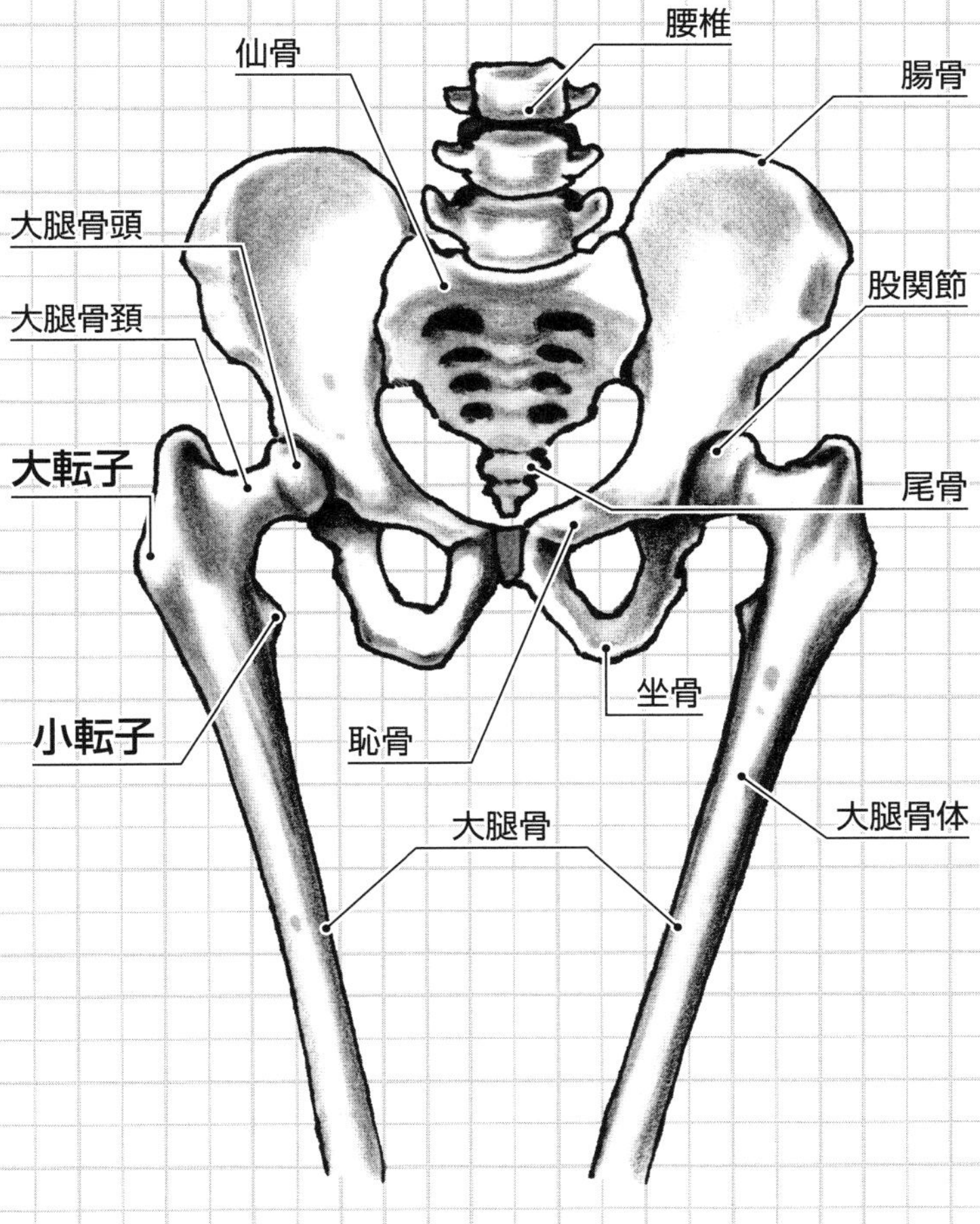

骨盤と大腿骨の図

盤から真下につながっていないことはご理解いただけると思います。骨盤の横に、股関節があるのです。丸い大腿骨頭は骨盤側面にソケットのようにハマっています。骨頭から大腿骨頚でいったん細くなり大転子、小転子の部分で大きく盛り上がっています。そのうち、大転子は外側から手で触ってみると、骨盤のグリグリ（正しくは上前腸骨棘《じょうぜんちょうこつきょく》）の10㎝くらい下方にある骨の出っ張りとして容易に触れることができます。男性に比べて女性の骨盤は横に広く平たいですが、どっちにせよ骨盤のグリグリより大転子の方が身体の外側に張り出しています。股関節は骨盤の下ではなく横側についていますが、やや奥まっているせいか意識しにくいのです。なので本書では外に出っ張っている大転子に意識をおいてランニングすることを推奨します。

大腿骨頚と大腿骨体の角度は頚体角と呼ばれ、通常は約１２５度です。大転子と小転子には、股関節を動かす筋肉がつきます。大臀筋（臀筋粗面）、中臀筋、小臀筋、内閉鎖筋、梨状筋、上双子筋、下双子筋など、主要なお尻の筋肉はみな大転子とつながっています。そして足を前に出す時に使う腸骨筋、大腰筋は大転子の下部にある小転子につながっています。まさに大転子は人間が歩く、走るうえで要ともいえるランドマーク（目印）なのです。

なぜ、その「大転子」という名称を使ったか。第1章に書きましたが、いわゆる体幹をウォーキングやランニングで身体をねじる間違った指導が横行しているのです。体の幹と書いて体幹。幹ってねじるものなのでしょうか？　体幹とか骨盤とか肩甲骨とキーワードが並んでいるとなんだか納得してしまいますが、実は正しいのは言葉だけでその身体の使い方はメチャクチャな指導が多いのです。そこで今までの適当で曖昧な体幹の概念や骨盤意識と区別するために「大転子ランニング」と名づけました。大転子ランニングになると、姿勢もキレイになり速く楽に長く走れるようになります。背筋がピンと伸びて骨盤も自然に前傾します。骨盤前傾を謳う体幹ランニングはありますが、ただ「骨盤を前傾させましょう」と書いてあることがほとんどです。形から入った骨盤前傾ではなく、きちんとお腹を膨らませて大転子を動かしたランニングができるようになると、勝手に骨盤は前傾するのです。そこをよく指導者もわかっていません。上半身全体に対して腰椎の部分のみを反らせるように教えてしまい腰を痛めてしまいます。あくまで腰椎は動かないもの。動くのは股関節であり大転子だと思ってください。

正しい体幹の使い方は簡単です。「ひねらない。ねじらない」。肩と腰は同じ方が前に出ます。つまり右の上肢帯と右側の大転子が一緒に前に出るのです。左の上肢帯と左側の大転子が一緒に前に出るのです。この左右の軸が交互に前に出ることによって人は歩き、走ります。一方で、ねじれが起きるのは地面に対してです。右側の骨盤が前に出ている時に右足は後ろ側にあります。左側の骨盤が前に出る時に左足が後ろ側にあります。
大転子に足の付け根意識をおくと、それだけで、腰の下に足が縦につながっている感覚より10㎝ほど足を長く使えるようになります。しかし、さらに足を長くしたいのか、みぞおちまで根元意識を引き上げる研究者もいます。それでは骨盤と足が対角に連動しなくなるので、大股でノッシノッシと間延びした走りにしかなりません。あくまでも地面とねじれが起きるのは大転子です。

【POINT★2】ランニングの基本は、右の上肢帯と右側の大転子が一緒に前に出る。左の上肢帯と左側の大転子が一緒に前に出る。この左右の軸が交互に前に出ることによって前進する。腰椎を中心とする体幹はひねらない。ねじれるのは地面と大転子。

●ささてウォーキングとランニングの違いとは？

歩くのと走るのでは動きに徹底的な違いがあります。速さ？　そうかもしれませんが、私はレース後や強度の高いポイント練習をした次の日などは、颯爽と歩いている人にも抜かれるほどの遅さでジョグすることもあります。

ランニングの定義は、両足とも地面についている時間がないということです。歩きは逆に両足とも浮いている時間はありません。ウォーキングは片足の支持脚期が約65%、遊脚期が35%です。つまり、両足とも地面についている割合は全体の30%となります。対するランニングは片足の支持脚期は40%となり、遊脚期が30%、残りは地面から両足とも浮いている時間。割合は30%となります。

この定義は適当なものではありません。オリンピックの種目にもなっている競歩には「ロス・オブ・コンタクト」という反則があります。必ずどちらかの足が地面に着いてなくてはいけないのです。つまりそれが「歩いている」定義です。両足とも浮いていると、走っ

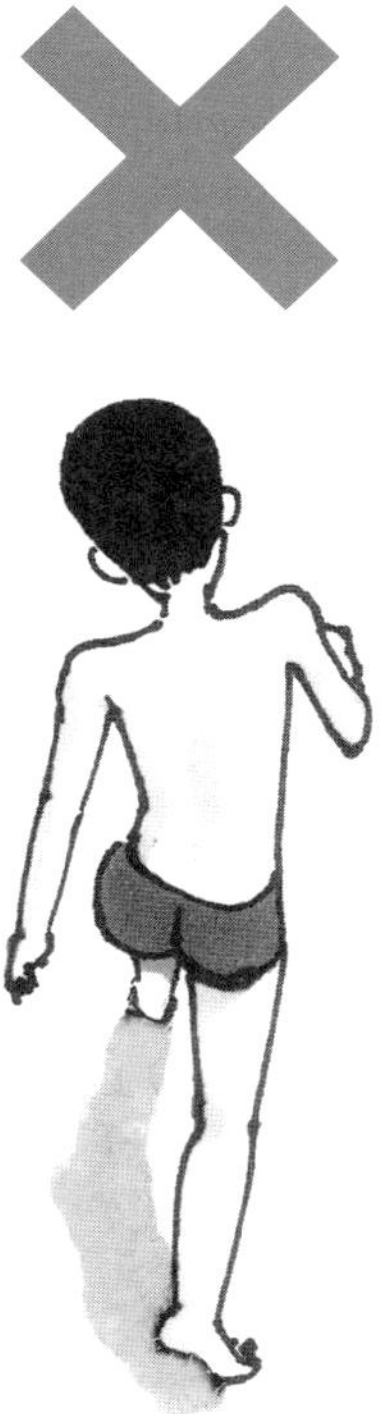

意識的にストライドをひろげて後ろ足の離地を残したり、肩を上下するようなウォーキングは、速く歩けず疲れるだけ。そして背骨をねじらせた動きを誘発する。

ていると見なされてレッドカードが提示されて失格となります。

以前、ラン友さんの一人が一所懸命、前後開脚を練習前と練習後にしているので、なぜか聞いてみたのですが「ストライド※を伸ばしたいからに決まっているじゃないですか！」との答えでした。両足とも浮くことがない「歩く」行為では、それもいいでしょう。先ほど書いたように、無駄に大股で歩くのは速くもないし疲れるだけでお薦めしませんけれども。歩幅を意識的に伸ばすことはピッチ※の減少を招き、骨盤の切り返しも遅い歩きになってしまいます。

そして、そもそも走る場合は話が別です。前後開脚をしながら走る場合、骨盤が足と同じ方向にスライドしていないと大きくは開脚できません。しかし、前足をむやみにひろげたり、後ろ足を伸ばして離地を遅くするのは、間延びした足運びになってしまいます。胴体をひねる動きにもつながります。実は歩く場合も走る場合も、骨盤は開脚した足とは逆向きに切り替えていなくてはいけないのです。骨盤が足と同じ向きだと遅くなります。結果、つま先や拇指球で蹴って足首を使って走ってしまうことになります。このような間違った体幹意識は身体を傷めるだけです。

大切なのは前後の足の切り返し、ターンオーバー※の動作です。宙に両足が浮いているところでストライドは伸びるのです。柔軟性は、全くとはいいませんがあまり

※ストライド…歩幅。
※ピッチ…1 分間に何歩で走るかを表した数字。180 回 / 分だと一分間に 180 歩で走るということ。
※ターンオーバー…カール・ルイス、リロイ・バレルなど短距離走オリンピックメダリストを多く育てたアメリカの陸上競技コーチ、トム・テレツが日本人選手の走りを見て「みんな後ろに蹴ったままだ。ターンオーバーができてない」と語ったという。後ろに蹴るのではなく着地した足は素早く前に戻すという意味。

開脚に合わせて骨盤を同じ向きにすると、間延びした足運びになる。上体に対してねじれも発生する。みぞおちあたりから足を動かす意識もこれにあたる。

前後開脚の動きと骨盤の向きは逆になる。そうすると骨盤と上体は同じ向きになり、背骨はねじれない。

関係ありません。箱根駅伝の選手も実業団の選手もケニアやエチオピアの選手たちもそこまで意識して開脚して走っていません。

【POINT★3】「走る」とは、歩幅をひろげることではなく宙に浮くこと。そしてストライドは前後に開脚して歩幅をひろげることで実現するのではなく、足の前後の素早い切り替えによってひろがる。

●速いランナーの写真を見て錯覚する真逆の力の方向

しかし、ここで勘違いが起きます。ランニングはつまり空中に多く跳んでいればいいのだと。空中に浮いている時間が長ければ長いほど速く走れるのだと。

「違います」

速く走るランナーはみな膝が高く上がり、後ろ足はピーンと膝が伸び、広いストライドで跳ぶように走っています。空中動作は見栄えがよいために多くのランニング雑誌や広告で使われますが、この「膝が高く上がり」、「後ろ足はピーンと足が伸び」「広いストライドで跳ぶように」のキーワードをそのまま切り取って真似をしようとすると、全く間延びした足の回転となって速く走れなくなります。なぜでしょうか。筋肉の出力する方向が逆だからです。多くのコーチはこれらを間違って「腿を高く上げろ」とか「拇指球で蹴り出せ」などと指導してしまっています。

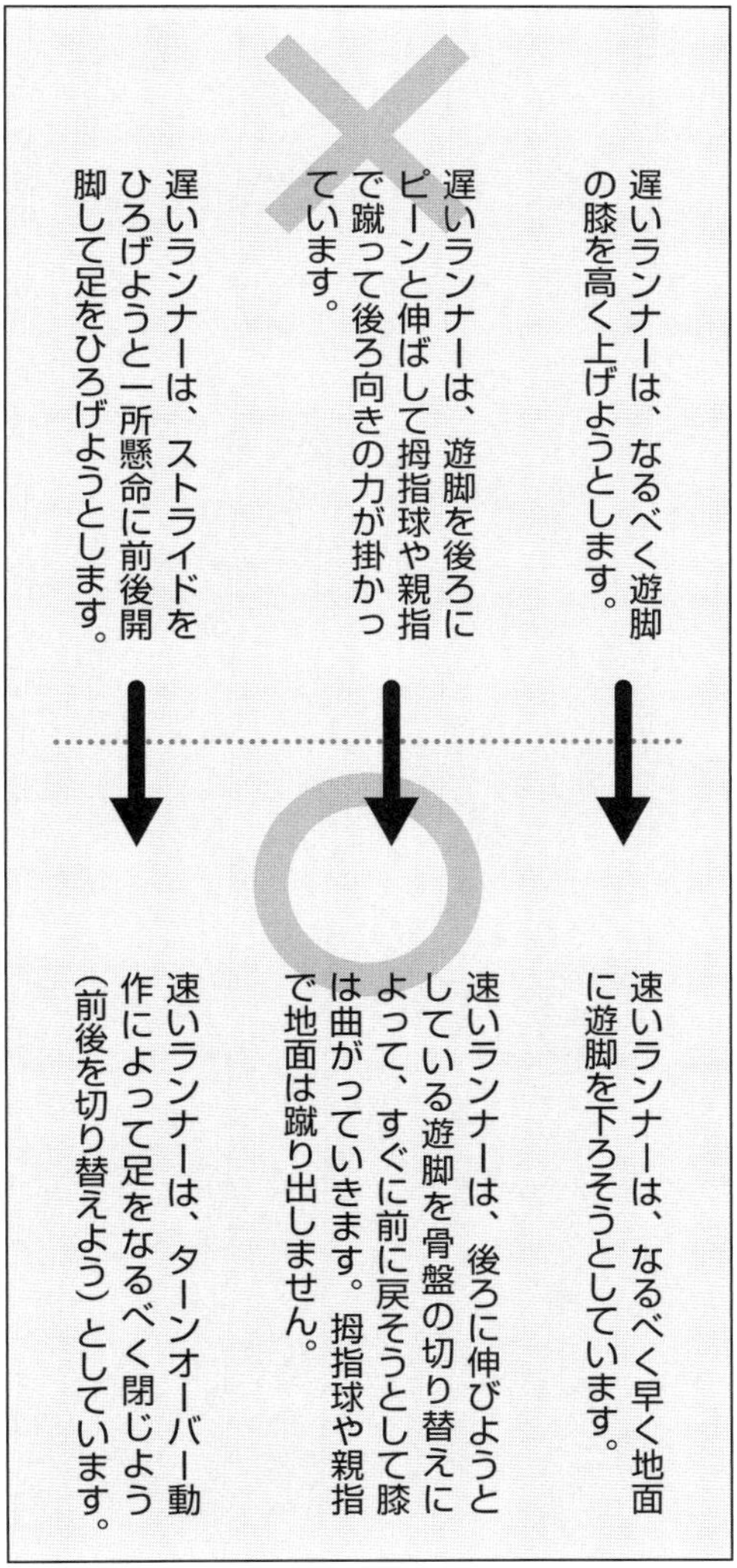
遅いランナーは、なるべく遊脚の膝を高く上げようとします。

遅いランナーは、遊脚を後ろにピーンと伸ばして拇指球や親指で蹴って後ろ向きの力が掛かっています。

遅いランナーは、ストライドをひろげようと一所懸命に前後開脚して足をひろげようとします。

速いランナーは、なるべく早く地面に遊脚を下ろそうとしています。

速いランナーは、後ろに伸びようとしている遊脚を骨盤の切り替えによって、すぐに前に戻そうとして膝は曲がっていきます。拇指球や親指で地面は蹴り出しません。

速いランナーは、ターンオーバー動作によって足をなるべく閉じよう（前後を切り替えよう）としています。

写真や動画と筋出力は、外から見たものと内で動いている方向が伴わないことは多くあります。意識の持ち方一つで筋肉の動き方は全く変わります。それを理解することで、ランニングはとても楽に長く速く走れるようになります。

【POINT★4】速いランナーは、膝は上げようとせず地面に早く着地させようとしている。着地した足は後ろに蹴り出すのではなく、前にすぐ戻そうとしている。

●大転子ランニングで垂れたお尻がキュッと締まり、足もスラリと細くなる!

猫背で頭が下を向いた、骨盤の後傾したとぼとぼジョグは、大腿四頭筋とふくらはぎの腓腹筋が発達します（図）。

それに対し大転子ランニングは、どこの筋肉を使うようになるのでしょうか。そうです、お尻です。足は骨で支えられるので、棒のようにドンドン細くなっていきます。日頃、ペソッとした垂れ尻に悩んでいる女性の方は多いと思います。パンツやスカートを穿いても、お尻の盛り上がりがないので情けなく映ってしまいます。大転子ランニングでお尻の筋肉

アゴを引いた前傾姿勢は、全身に力が入りやすく、バランスをとるために着地位置が前になり、踵着地になりやすい。大腿四頭筋にも負担を掛けてしまう。ふくらはぎも蹴り出すようになるので、太くなりがちである。

体重がある人は、キツくなると頭が下がりがちだが、容易に骨盤後傾を招き、とぼとぼとした走りになってしまう。大腿四頭筋にも大きく負担を掛けることになる。接地時間も長くなり、ふくらはぎが発達してしまう。

が使われ始めるとお尻がプリプリし始めて、特にお尻の上の筋肉が発達してピッチリしたパンツを穿いても、ミニスカートからのぞく足もすごくスタイルがよく見えるようになります。当然、長時間のランニングでも疲れませんし、健康的にスラリとしたきれいな足になります。

大学の駅伝で活躍している女子選手や実業団の長距離の女子選手を見ていただければ、彼女たちの足がものすごく細いのがわかってもらえると思います。彼女たちはみな骨盤を動かして大臀筋で走っていますから、無駄なお肉は一切、足についていません。以前、彼女たちが普段着で歩いているのを見たのですが全員、筋骨隆々どころか、そこら辺の女性より足が細かったです。

119ページでランニングの巧緻性を、力の入った筋肉を細いロープに例えて説明しましたが、無駄な力みが生じるので、残念なことにロープとは逆に足は細くならずに太くなっていってしまいます。つま先を蹴り出す意識で走っている人もまたふくらはぎがこんもりと太くたくましくなる傾向があります。

【POINT★5】長時間のランニングには上体も含めた疲れない楽な姿勢が大切。

屈んだ姿勢のとぼとぼジョグや頭が前に出たコケシ走法がなぜ悪いかというと、重心の上に骨盤が乗っていないから。そして、骨盤の真上に頭の重心があることが重要。その際、アゴは引かなくてもよい。骨盤と頭が身体の重心から外れていると余計な筋力を使い、※地面の反力をもらえない。そして無駄な筋肉も発達してしまう。

●ストレッチ・ショートニング・サイクルこそがランニングの肝！

ＰＯＩＮＴ１で膝や足首はほどよく曲がり、ほどよく固まると書きましたが、それらをうまく利用した身体のシステムが人間には備わっています。ストレッチ・ショートニング・サイクル（ＳＳＣ＝伸張－短縮サイクル）です。膝を曲げて静止した状態からジャンプするよりも、屈んでから一気に切り返してジャンプした方が高く跳び上がることができます。しかも、ゆっくりではなく、急激に屈む方が強く跳ぶことができます。ふくらはぎやアキレス腱が着地とともに引き伸ばされて弾性エネルギーが蓄えられ、跳ぶ瞬間にそれらが解放されることにより、脳からの指令による筋出力より素早く大きなパワーを得られるのです。伸張反射といって脊髄反射の一つです。このジャンプの連続がランニングだと思ってください。着地する足のエネルギーをうまく離地に再利用するのです。ゆえに、遅い人は

※**地面の反力**…地球上では重力が生じるために物体が地面に対して垂直方向、つまり真下に落下する。そして地面は反発の力をもっている。これが地面の反力である。地面に体重と筋力で100kgの力がきれいに加われば、垂直方向に100kgの力が作用反作用で戻ってくる。筋力だけではなく重力をうまく味方につけることがランニングのコツ。

ＳＳＣをうまく使えていないことが多々あります。これを使えるか使えないかでスピードも楽さも全く変わります。「オレは足が遅いから……」と諦めないでＳＳＣの使い方を獲得すれば、別の世界が見えてくるのです。

またＳＳＣが有効なのはパワーやスピードだけではありません。何より都合がいいのは普通の筋活動よりエネルギー消費が少ないことです。つまりＳＳＣを使えば速く、疲れずに効率よく走ることができるようになります。

ＳＳＣはバネをつけるためのジャンプ系のトレーニング、プライオメトリクスで高められます。プライオメトリクスを行うことにより、筋肉や腱が長くなったり太くなったりするわけではなく、鍛えられるというより、それらの使い方の比率が変わるのです。筋肉の伸び縮みが比較的小さくなり、筋肉と骨をつなぐ腱がバネのように伸び縮みするようになります。また、反動局面で筋活動が生じるタイミングが早まります。プライオメトリクスによって、力を入れるタイミングが変化して巧緻性が上がったことを示しています。簡単なものとしては、ケンケンがお薦めです。ＳＳＣを理解するために、まずは片足で跳ぶケンケンをやってみましょう。

●片足で跳ぶケンケンドリルは1粒で三度美味しい

片足で跳んで移動するケンケンは、子供の遊びの一部としてやったことがある方も多いでしょう。足首やふくらはぎの筋肉はあまり使わず、股関節の屈曲と伸展のみでリズミカルに跳びます。一歩の幅は20～30㎝で十分です。片足10～20回程度で左右を交互に2～3回。まだ体重も軽かった子供の頃にやった感触とはあまりに違って驚いた方もいるでしょう。くれぐれもいきなり硬い路面でバンバンと跳ばないようにしてください。アキレス腱を傷めます。バネがなくなったなぁ……と感じる人も、走る前に何度かやってみてください。これは重心の真下に着地する感覚もつかめるし、正しい地面との付き合い方は、足裏を後ろに掃くのではなく、真下に押すことなのだとも理解できる、とてもいいドリルです。やると疲労してくる筋肉はお尻やハムストリングスです。ふくらはぎが疲れてくる人は、足首を使って蹴ってしまっています。つま先のみでケンケンをやらず踵まで必ず着地させるようにします。

また、ケンケンは遊脚の膝の振り出しを大きくするとストライドが伸びてスピードが速くなります。これもまたランニングでも同じ理屈です。つまり、着地した足で地面を押しますが、それと遊脚の振り出しがうまく連動すると前に向かうスピードが増すのです。それを体感できるよいドリル。1粒で三度美味しいケンケン。ぜひ試してみてください。

●大転子ランニングのやり方　～いきなりウォーキングと区別しよう！

それでは大転子ランニングの練習をしてみましょう。たぶん他では見られないようなランニングのアプローチなので、最初は戸惑うと思います。というのも多くの指導書はウォーキングからスロージョグに移行してランニングスピードを上げていく段階を踏みます。順番に写真入りで紹介されているために、ランニングの状態に入ってからも、どこが大切なポイントなのかを理解しづらく、メリハリのない動きになりやすいのです。ありがちなのは、指導書や雑誌の分解写真を見て、ランニングの動きを誤解してしまうことです。ランニングの動作を形で見てしまい、動きで見ることができなくなってしまうのです。

実際、初心者のランニングフォームを見ると、歩いているのか走っているのかわからないような人が多くいます。その多くはストライドが単に歩幅なのです。それでは地面の反力をもらえず、ＳＳＣも起きにくいのです。ＳＳＣを起こすには、重心の真下への着地が重要になってきます。正確には着地は少し重心より前方なのですが、重心が真下に乗り込んだパワーポジションの時にキチンと地面からの反力をもらわなくてはいけません。多くの人が着地するポイントをかなり前方にしすぎているから踵の角から着地しがちになります。

片足ケンケンで真下重心の感覚、ＳＳＣの感じはつかめていると思いますので大転子ランニングの場合、ウォーキングからのアプローチはしません。やる動作は一つの動作、シザース。それを左右繰り返すと思ってください。最初から伸張反射を狙ったSSCの動きを体得してもらいます。

初心者ランナーは三つの重心ポイントの頭、骨盤、着地位置が大きくずれてしまい、SSC の恩恵をもらえない。上級者は着地してトラクションゾーンの前半で SSC で地面の反力をもらう。実際には足は後ろに流れるが、後ろ向きにトラクションを掛け続けるわけではない。離地をギリギリまで粘るのはマチガイ。

●大転子ランニングのやり方　～スローシザースをやってみよう！

走るのが遅い人は、前後の足の切り替えがゆっくりで、ずっと後ろ足を伸ばしたままであることが多いのです。陸上競技のドリルにシザースという動きがあります。支持脚側の足が着地する前に遊脚の膝が追い越すように前方に出るようにすることです。「前で捌《さば》く」とも「足をはさみ込む」ともいいます。その動きをやってみましょう。ポイントをチェックして反復しつつ、徐々にスピードを上げていきましょう。最初からスピードを上げるとわかった気になりますが、結局身につかず、数日後に走ってみて「なんだ、うまく走れないや。やっぱりダメじゃん」と思ってしまうことが多いのです。最初の反復が大切です。踏み込む時の左右の膝の切り替えを、必ず意識してください。正しい動きで反復することにより神経ネットワークが構築されます。そうすればしめたもの。ランニングフォームが崩れなくなります。

A図をご覧ください。右足を支持脚として説明します。右足の膝を曲げずにまっすぐにして、その上に骨盤をしっかり乗せて片足立ちします。骨盤自体は水平になるようにします。体重がしっかり掛かると右の大転子は外側に張り出します。後ろから見るとお尻が右に寄っています。大転子は緊張させず緩ませます。正しく軸足の上に骨盤が乗っかると左足には一切、荷重されません。膝はまっすぐになっているから右踵に対して全身の荷重が

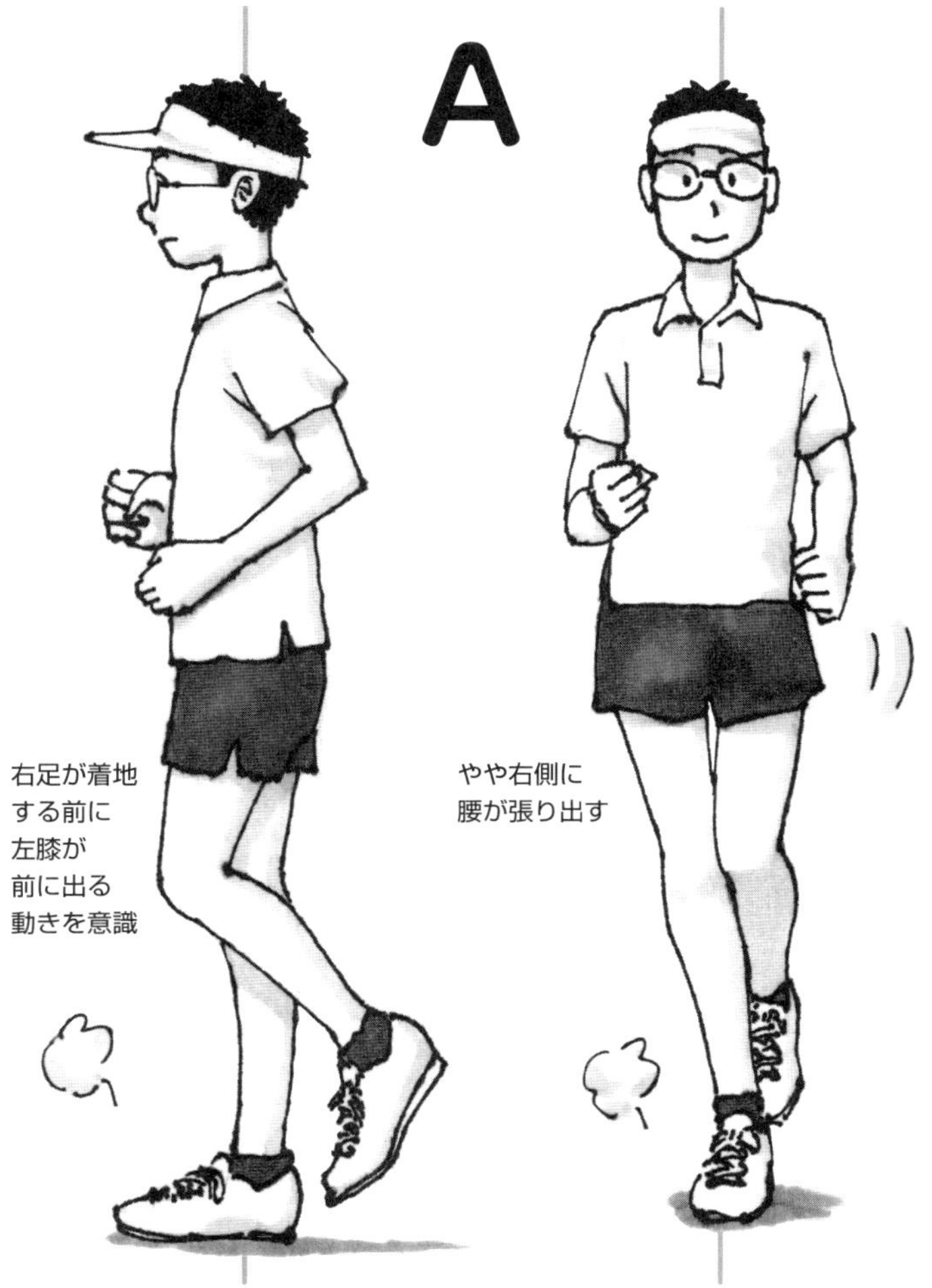

**大転子ランニングゆっくりバージョン（スローシザース）…
しっかり中心軸に乗っているかを意識する**

掛かっています。片足立ちになっても骨で支えているので力は要らず、ふらつきません。

それは、股関節が骨盤の側面についており、膝関節は身体の中心軸に近い内側にあるからです。つまり私たちが両足で立っている時の大腿骨を真正面から見ると、Vの字のように斜め内側に約15度ほど傾いているのです（足全体だとYの字）。これを「Qアングル」といいます。これによって、身体の重みは膝から脛骨に垂直に乗っかることとなります。人間が、足裏という狭い面で片足立ちできる理由がここにあります。片足立ちになった時に、骨盤を水平に保つことができるのも、このQアングルのおかげです。二足歩行は片足立ちの連続ですから、ウォーキングもランニングも当然その恩恵をもらっているのです。

骨盤の左腰側が上がっていたり、頭が右側に傾いていたら、それは大転子が硬直して緩んでいないということです。片足立ちになるとバランスを保つのが難しく、ふらつくと思います。大転子を緩ませてもふらつくようでしたら、最初は何かにつかまってやってみてください。残念ながら50代も後半になると、バランス感覚が鈍ってきて若い頃のようにはうまく保てなくなります。それはそれで大転子ランニングには問題ありません。

遊脚の左膝は、支持脚の右膝よりやや前に出してください。最初は腕はだらんと下げていても構いません。腕振りは後で身体が自然に振り始めます。左足先は少し浮かせてください。浮かせるのが辛かったらつま先を地面についてください。ただ膝も足首も固めない

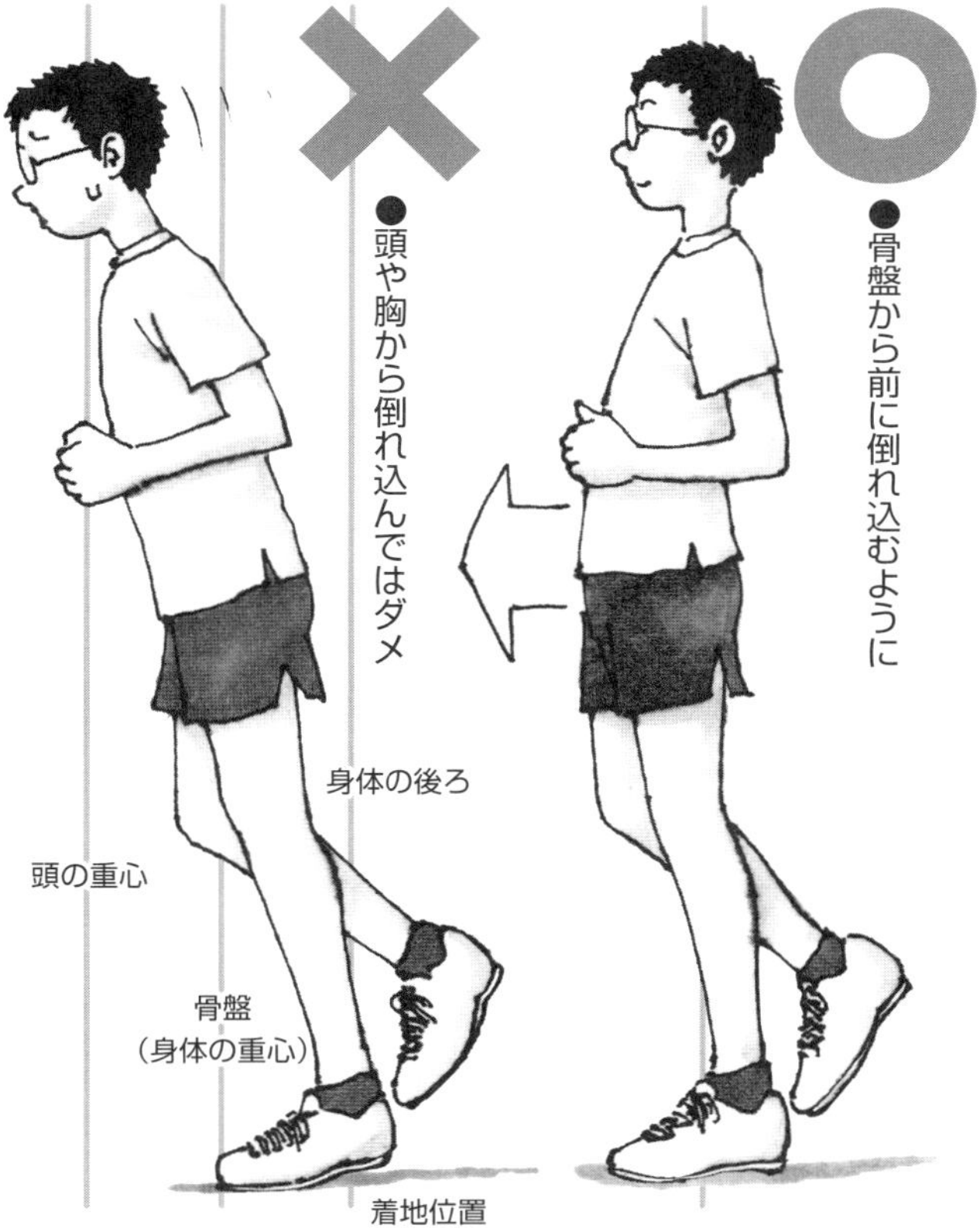

スローシザースの注意点

お腹を引っ込め、アゴを引いて竹馬やコケシのように走る姿勢は不正解。骨盤から先に前に行くようにすると、着地点と骨盤と頭が一直線になりやすいから楽。「骨盤を前傾させて」とよくいわれるが、正しくは、上半身から骨盤までが均一に弓のように反るのが正解。遅いスピードでは股関節はそこまで屈曲しないが、股関節が伸び上がって腰高になってはダメ。支持脚の股関節トルクと膝関節や足首の使い方は、ケンケンで培った動き。

り出されています。

でください。ゆるゆるで。腰の左側が前に出ているので左足の膝はやや内旋して内側に振り出されています。

さてA図のような姿勢になりましたか？　今までの指導書ではここから「足を振り出して～」と説明が続くと思いますが、それではとぼとぼと鈍重なランニングフォームになってしまいます。ランニングとウォーキングの明確な違いは、両足とも浮いている滞空時間があることです。地面からの反力をもらうには筋肉の弾性エネルギーを使います。この感覚はゆっくりしたジョグでも意識します。

この姿勢から骨盤から前に行くような感じで倒れこみ、倒れそうな限界にきたらポンッと左足を支持脚に素早く切り替えます。その時に膝や足先からではなく左側の骨盤から前に出る感じです。同時に左の肩甲骨が前に向かうようにしてください。頭から倒れこまないようにして、左右が対称になるような感覚で左右を入れ替えてB図のようになってください。その間の動作はなるべく端折《はしょ》って切り返しを素早くしてください。最初はほんの10cmほど前方に跳ぶだけでいいです。高く跳ぶ必要もありません。アフリカのトップ選手たちも、高速で走っている時ですら地面から7～9cmほどしか上に跳んでいないのです。10cmにも満たない高さです。スローシザースの場合、地面から数cm跳んでいれば十分です。着地は真下に近いので※フォアフットからフラット着地になると思います。今度は左足に重

※フォアフットからフラット着地…真下着地になると踵ではなく前足部から土踏まずの部分で着地するようになる。ただこれも意識してわざとつま先部分を落とそうとしては末端意識になるだけである。

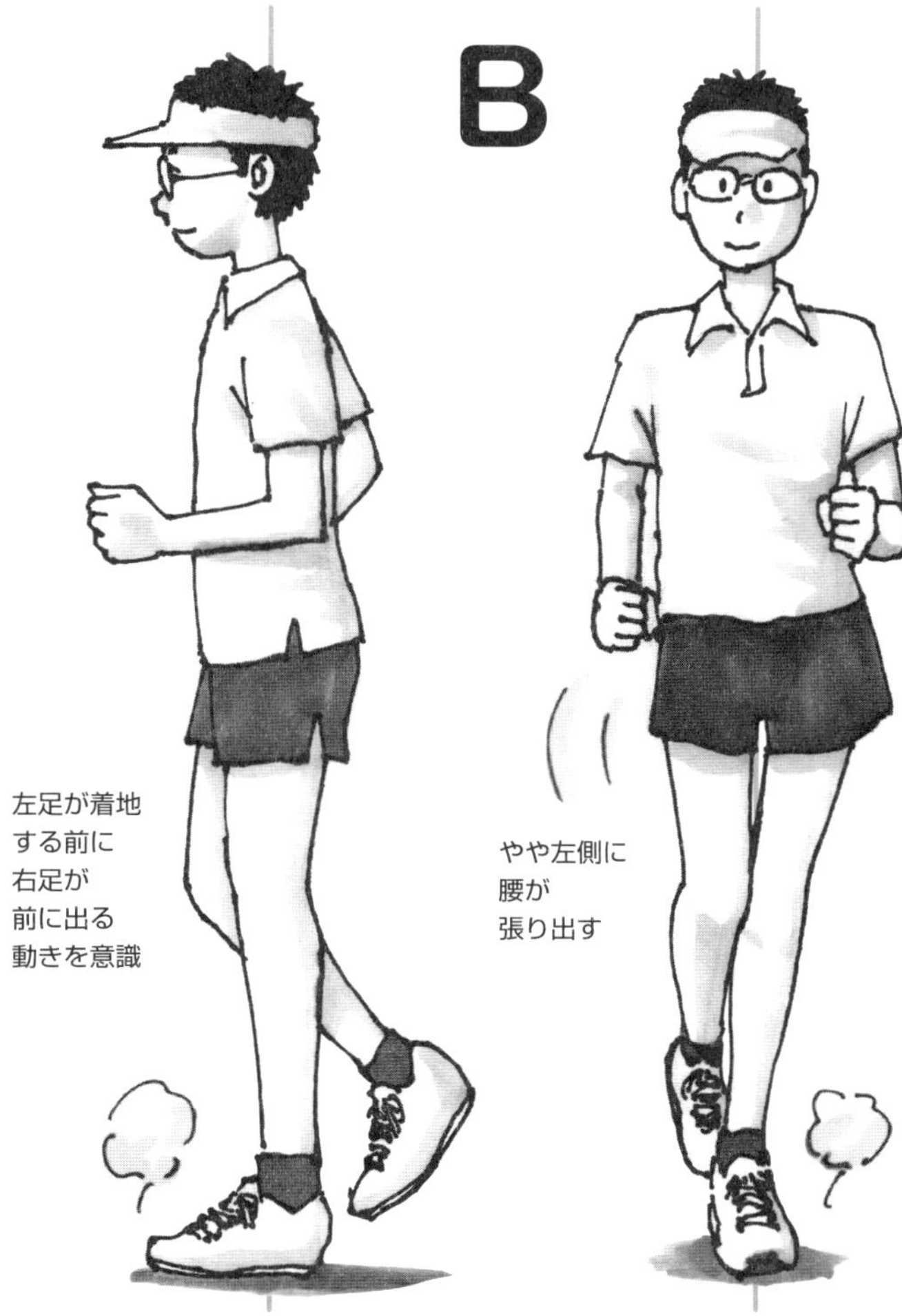

左右の足は一挙動でポンッと切り替えるのがポイント。テンポよく進む

心が移ります。後ろから見て腰が左の外側に出ていますか？　左膝がまっすぐになって右膝が少しだけ前に位置していますか？　やや左足が外側を向き右膝が内側を向いていますか？　バランスが取れずグラグラしていませんか？　これらをチェックしてください。

トンッ、トンッ、と左右の足をA↓B↓A↓Bと切り替えてみてください。何かランニングと違う違和感を感じませんか？　そうです。一歩、一歩につっかえ棒というかブレーキが掛かって安定してしまう感じがあると思います。これは膝がまっすぐになっているからです。では膝を柔らかく使って前に進んでみましょう。といっても膝を意識的に折り曲げて「く」の字にする意識ではなく、脛を前を倒し込み、自然に膝が曲がっていく感じです。抵抗がなくなって前に楽に進むようになったかと思います。ポンッ、ポンッ、ポン。これが正しいランニングの一歩です。

なお「シザース」で検索するといろいろな動画がヒットしますが、演者によって動作がバラついている印象です。ご注意ください。

【POINT★6】スローシザースは頭から倒れこまず、骨盤から前に出るような感じで。左右の足の切り替えは素早く、膝を柔軟に使ってリズミカルに前に進む。

これらはゆっくりとシザース動作をやっていることになります。本書では「スローシザース」という名称にします。いわば「大転子ランニングゆっくりバージョン」です。この反復練習で地面からの反力をもらう感覚、着地前に後ろの足が支持脚を追い越すシザース動作を身につけてください。これらＡＢの二つの挙動をキレよく繰り返しやってみてください。

よく間違えるのが、最初からストライドを伸ばそうとしてしまうことです。慣れてきてもストライドはスローシザースの場合、40～50㎝程度で構いません。接地時間は徐々に短くしていってください。熱く焼けた石の上を裸足で渡るイメージをして、ポンポンポンとピッチを上げて走ってみてください。かといって、つま先のみでチョンチョン走るのではありません。地面の反力をもらうには股関節の屈曲と進展、そして踵までしっかりつけることが大切です。接地時間はやみくもに短ければよいわけではありません。

そして初心者のランナーが間違えやすいのが、走るペースの変化をピッチで調節してしまうことです。ピッチが下がると接地時間が長くなり、スロージョグの時に歩くのと大差ない感じになってしまいます。ピッチは速い時も遅く走る時もあまり変えず、1秒間に3歩進むテンポで。スピードの調節はストライドでするようにしましょう。

スローシザースで着地した足はすぐ前に向かわせましょう。支持脚を後ろに流すような意識は一切必要ありません。支持脚は着地と同時に真上に跳ぶ感じです。それではその場で足踏みになりそうですが、前に進むのは遊脚の振り出す重みです。ただし、遊脚の重みといっても膝下は意識的に振り出さないでください。無駄な動きになります。ケンケンを思い出してください。前に脛が倒れこみ、膝が自然にクッションを効かせて曲がるようになります。つまり、左右とも膝が曲がったまま進むことになります。その切り返しが早くなるにつれ、左右の足に重心は完全に乗っからないようになって身体の中央に寄っていくはずです。大転子が左右に張り出す動きも、スピードの高まりにつれて小さいものになっていきます。

【POINT★7】走るスピードの変化は、ピッチではなくストライドの変化で調節する。接地時間は短く、が基本だが、ただ接地時間を短くすれば速くなるわけではない。つま先や足首で跳ぶようにしたところで、股関節周りの大きな筋肉を使えなくなるだけ。大切なのは、股関節や膝関節の屈曲を使って地面の反力をしっかりと受け取り、再利用すること。それがあっての接地時間の短縮。

●大転子ランニングのやり方 ～自然に1本線上を走るラインになる

ランニングにおいて、左右の足の着地は1本のライン上を通るのか、それとも左右の足幅を保ったまま2本のライン上を通るのか、よく議論になりますが、骨盤からどうつながるか、大腿骨の形状を見れば一目瞭然です。前述したように、骨盤の側面に股関節があり、そこからL字型に大転子が一番外に張り出すように出っ張ってから、内側に入って膝関節につながっています。大腿骨は常に斜めに傾いているのは144ページで述べたとおりです。そして大転子が横に回転することで、ランニングでは放っておいても1本のライン上に左右の足は寄って着地します。ケニアやエチオピアのトップランナーたちも皆、1本のラインで走っています。ですので1本のラインです、と言いたいところですが、意識して1本のライン上を走ろうとするのはやめましょう。末端意識になってしまい、ぎこちなくなる可能性があります。骨盤が動いてあくまで大転子がきちんと使えていたら、勝手に1本のラインに近づいていきます。なお、2本のラインの方が最短距離だから速いと主張する指導者もいますが、やはり「骨盤が動いていないお尻の真下で足が前後に動いている感覚」で、解剖学的見地には立っていない印象です。逆に、2本のラインを意識してしまうと、大腿骨のQアングルのせいで上体は左右にブレてしまいます。

筋力が衰えてバランス感覚が鈍ってしまった中高年の方は、左右の足幅がひろくなってしまい、最初はなかなか1本のラインを意識することはできないと思います。その場合、徐々に大転子を意識した、骨盤を動かして左右の足幅を狭めていくランニングスタイルを身につけていただけたらと思います。

まずは大転子ランニングのゆっくりバージョンであるスローシザースを繰り返し行ってマスターしてください。日々のランニングの最初にこの動作を反復することによって動き作りにもなるし、ウォーミングアップにもなります。これらスローシザースの動きはだらだらとしたジョグではなく、速い動きを意識したキレのある走りにつなげる有効なトレーニングです。メリハリを意識するとこのようなアプローチになりました。以下、重要なポイントを改めて書きます。

【POINT★8】スローシザースは最初、支持脚は膝をまっすぐにして片足立ちするが、前に脛を倒しこみ、ケンケンで培ったSSCを使ってほどよいクッションを支持脚に効かせて前進するようにする。つまり、最終的に両膝とも曲がったまま前に進むことになる。

【POINT★9】スローシザースは最初は10㎝ほどのストライドでもよい。動きが身につくまで勢いをつけず40～50㎝のストライドで反復する。スピードを上げて勢いでやるとできている気分になるので気をつける。

【POINT★10】スローシザースの空中に浮く動作は、支持脚の地面からの反力をもらったSSCだが、大転子から遊脚が振り出される重みで前に進む。しかし、膝下は意識して振り出してはいけない。膝や足首など末端は意識してはいけない。

●大転子ランニングのやり方　～大転子ウォーキングとの違い

もし、足を動かして上体がそれに乗っかって移動している感覚で走っている方がいましたら、ぜひとも考えを改めてください。ランニングは、骨盤を中心とした体幹が起動して地面にエネルギーを伝える運動です。足は、股関節と膝関節を使って二重振り子のように地面に上体のエネルギーを伝えるムチの役目をしています。骨盤周りの筋肉はフル稼働して地面にエネルギーを伝えますが、膝から下は主に地面からの衝撃を和らげる役目を果たします。多くのランナーは、つま先着地にするべきか踵着地の方がいいのかなど、とかく末端意識を持ってしまいがちですが、おおもとの骨盤の意識を持たないと、足先の着地方法をいくら突き詰めても意味がありません。

「骨盤は動かない。固めるんだ」と指導するインストラクターもいます。その理由は「速い選手は傍《はた》から見ててランパンの腰ゼッケン番号が揺れてないから」というのですが、どうなんでしょう、なんだか曖昧です。実際、バイオメカニクスの研究現場でモーションキャプチャーを用いて三次元動作解析システムで確認すると、骨盤が前後左右上下に立体的にリズミカルに動いていることは周知の事実なのです。たぶん「骨盤が固まっている」というインストラクターは走っている選手をトラックで遠目に見てそう思い込んでいるのでしょう。

そもそも何度も書いているように、スポーツの現場において、動作の起動スイッチである骨盤を固定させようとする身体運動はありません。

しかし、動いていないと見間違えるのもわからないではありません。大転子ウォーキングと大転子ランニングの大きな違いは骨盤の動き方になります。大転子ウォーキングの場合、両足は浮かないので、骨盤の左右はある程度大きく前後左右に動きます。骨盤の切り替えが行われても、支持脚が重心真下を通過する時に、膝はまっすぐになっています。それにともない、支持脚側の大転子が地面から押されて後方に移動します。
また、大転子ウォーキングの本をご覧になった方は、マリリン・モンローのモンロー・ウォークを例えに挙げて、お尻をプリプリ左右にスライドさせる印象があったかと思います。しかし、その横ブレ、専門的にいうとヒップローテーションは、速く走るランニング時には最小限にする必要があります。大転子の運動軌跡は身体の中心軸から大きく外側に外さないように、しっかり股関節筋肉群で受け止めるようになっていきます。支持脚側の骨盤は、後方や横に流れないように意識する必要があります。それが、地面からの反力を強く受けるコツです。

左右の大転子が大きく動いてしまうと、力学的にエネルギー損失が大きいのです。よって、ランニング動作の場合、大転子そのものの挙動は歩く時と同じですが、小刻みなキレのある動きになります。もちろん、源は大転子ウォーキングにあると思ってください。基本の動きが理解できないまま、最初からやみくもに固めるだけでは、全く違うものになってしまいます。走った後に、太腿や膝の外側にハリを感じる方は、お尻のプリプリが大きくなり過ぎているかもしれません。

先入観としては歩くより走る方が動きがダイナミックになるので、骨盤もそれに応じて大きく動くとイメージしがちですが、実は速く走れば走るほど、骨盤の動きはミニマムになっていきます。

【POINT★11】大転子ランニングは、大転子を左右前後に大きく動かすことではなく、速度が上がるにつれ、かえって骨盤はキレがある小さな動きになっていく。

●大転子ランニングのやり方 ～骨盤を水平に押し出すクセをつけるドリル

そのクセづけをする動き作りをやってみましょう。公園のベンチの背もたれを利用します。家でも動かないソファーやテーブルなどを見つけてやってみてください。足を前後に開き、前足の太腿をベンチの背もたれに押しつけます。角ではなく面圧を感じるように押し込んでください。左右何度か押し込んでみてから、何もないところでもう一度その動作をやってみてください。左右の太腿が前方に水平に向かうような感覚です。このドリルによって支持脚側の骨盤が着地衝撃により後ろに流れないようになり、またポンポンと上に跳ねてしまう走りの場合も、上に蹴り出さない意識が作り出されます。特に片足ケンケン、スローシザースなどをやると、少し上に跳んでしまう走りになりがちなので、修正するの

ベンチの背もたれの部分を使って骨盤や左右の太腿を水平に押し出すクセをつける。景色を見ながらできる、地味だけれどいいドリル。

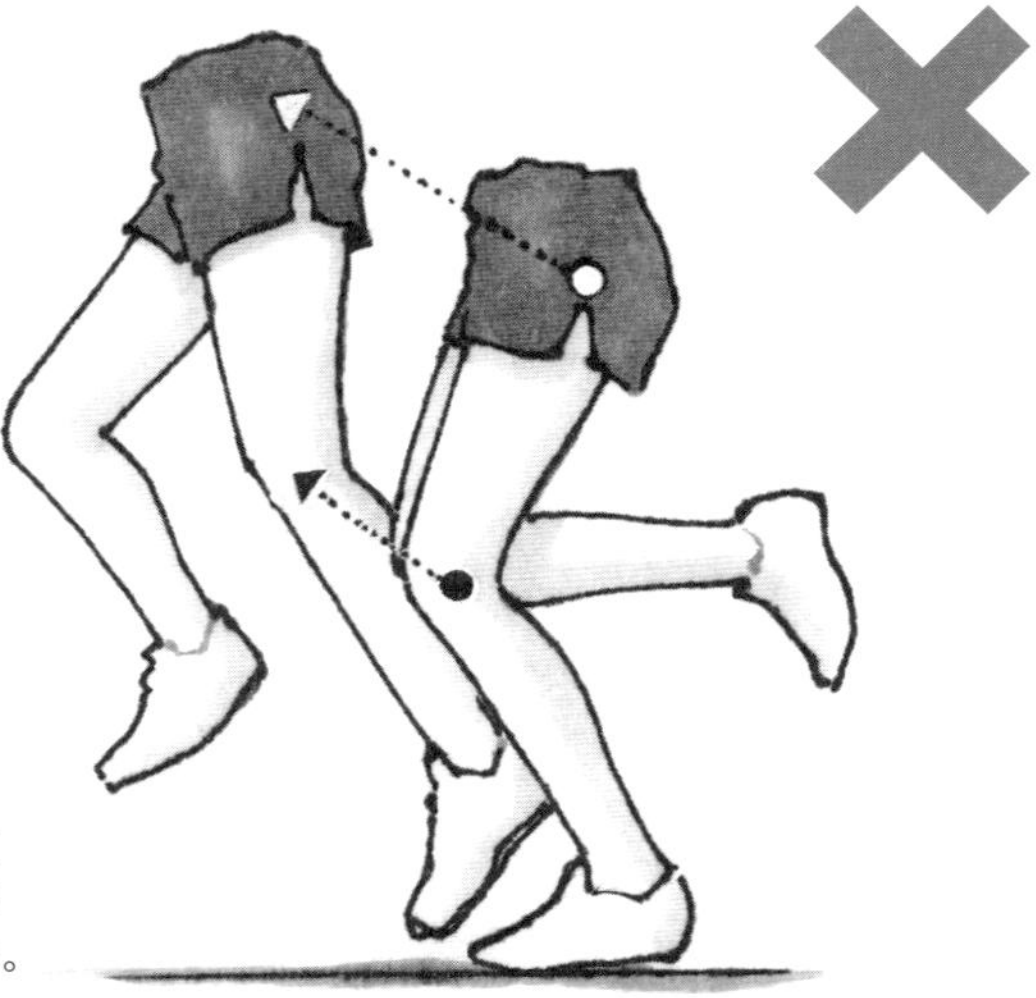

膝や足首で蹴り出して
しまうと、上下動の多
い走りになってしまう。

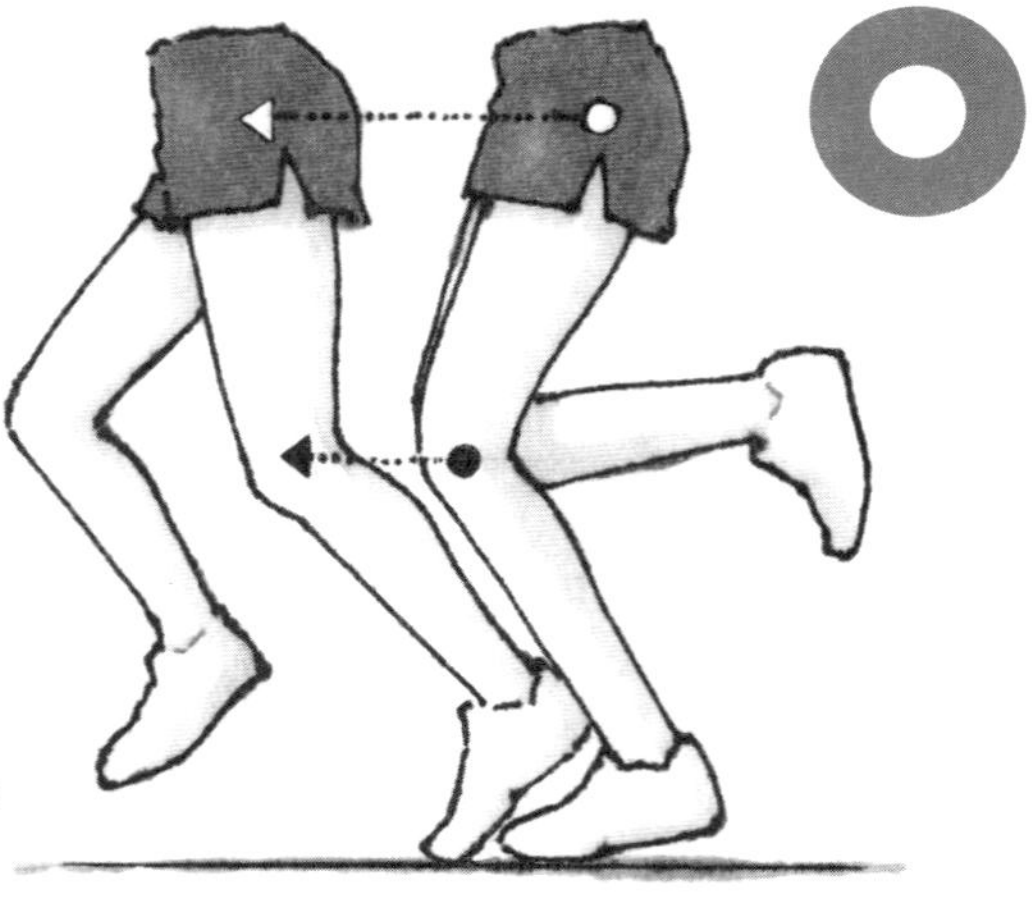

なるべく水平方向に移
動する意識を持つ。

腰低意識を保つ

によいドリルです。膝を使って上に蹴ってしまうと、無駄な上下動が生まれてしまいます。脛を前傾させて、水平に身体を押し出す意識を持ちましょう。さらにこのドリルによってピッチも上がります。ぜひ身体に馴染ませるように繰り返してください。

●大転子ランニングのやり方　～スローシザースによるジョグで毛細血管を広げよう

スローシザースの動きがしっくりくるようになったら、その動きのままでジョグを行ってみましょう。スピードを出す必要はありません。SSCを感じつつ、前足が着地する前に後ろ足が追い越す動き、後は太腿が水平に移動して上に跳ばないように意識を持ちながら、ゆっくりと自分のお気に入りの場所を走ってみてください。

最初はずっと走る必要もありません。5分走って、疲れたら1分歩くのでもいいですし、公園などの周回コースなら走る区間を決めて、他は歩いてもいいです。走り始めたらずっと走り続けなければ持久力がつかないと追い込まないようにしましょう。全体の行動時間が長ければ持久力は必ずつきます。気持ち的に追い詰めるとランニングはストレスになってしまいます。私も走りに違和感を覚えた場合、いったん歩き出したり、ケンケンなど動き作りをしたりします。そうすると、再び走り出した時に走りがしっくりくることも多いのです。なので私はジョグの場合、距離で決めずに時間を決めて走ることが多いのです。

最初は20分走るだけでも苦痛でしょう。肉体的な疲労というより気持ちが飽きるのです。精神的持久力をつけましょう。徐々に走る時間を長く取るようにして、最終的に60分から90分程度スローシザースによるジョグができるようにしてください。

ジョグは大切です。ウォーミングアップ、そしてクールダウン、また強度の高いポイント練習後の次の日に行う疲労回復のため、そして故障時のコンディション維持など色々な目的に使えます。特に、中高年から走り始めた人にとって怖いのは故障です。ジョグで速く走れるようになるわけではありませんが、これによって脂肪燃焼に一役買ってくれるミトコンドリアの量が増えて、毛細血管が身体の中に新規に構築されて張り巡らされ、身体の全身すみずみまで酸素とエネルギーが行き渡るようになります。また、老廃物が早く取り除かれるようになります。澱《よど》みが清流になるのです。ゆっくりとしたペースで走ることによって、安全に関節や筋肉を傷めずに徐々に鍛えられて走れる身体になっていきます。

多くの初心者は、この時点ですぐにスピードを求めてしまいます。キロ6分で30分→キロ5分30秒で30分→キロ5分で30分と、スピードを上げて走ってしまい、苦しくなって「うわ、30分でこのありさまなんだから、何時間も走るフルマラソンなんて自分には無理だ、や〜めた」となってしまうのです。正しく目指す方向は、キロ6分で30分の次は、キロ6分で60分、そしてキロ6分で90分です。いきなりのスピードを上げたランニングをすると、容易に肉離れや膝など関節の痛みを引き起こします。まずは自分の身体を練るように、ランニングに適したシェイプボディに構築していってください。速いスピードで走る段階へ無理なく大切な準備をしてくれます。重要なのは、痛みやストレスを感じないこと。ペースはキロ7〜9分でも十分です。もちろん、その過程で体重が重すぎて関節に負担を掛けてしまう人には、多少のダイエットをお薦めします。

運動強度は、生理的な側面と心理的な側面を考えた「主観的運動強度」と、生理学的な要因のみの影響を受ける「客観的運動強度」に分類されますが、心拍数はさておき、血中酸素濃度、血中乳酸濃度などは一般的には計測しづらいので、本書は主観的運動強度を採用します。スロージョグにおける主観的運動強度は「人とずっと会話をし続けることが可能で、呼吸もほとんど苦しくない。このままずっとでも走り続けられると感じるペース」とします。コロンビア大学のヘンリー・S・ロッジ助教授は、「人の細胞は1日に1％ずつ入れ替わり、3カ月ごとにすべての細胞が入れ替わる」と言っています。3カ月後の身体は今から作りましょう。練習もダイエットも3カ月前の今が大切ということです。その時点で気をつけることは走るペースです。「速すぎるよりは、遅すぎる方がずっとよい」ということです。

【POINT★12】60～90分のジョグでも、スローシザースを意識して動きにメリハリをつける。接地時間を短くピッチを意識する。おおよそ1秒間に3歩進む程度で。よくわからない場合はYoutubeなどで「180bpm」で検索すればいろいろと出てくるので、そのテンポを聴きながら身体に染みこませていくのもよい。

●大転子ランニングのやり方　～快調走とスローシザースの組み合わせで自分に合ったフォームを構築しよう

さあ、ジョグを続けても楽に60分以上走れるようになってきたら、そろそろランニングフォームを固める時期だと思ってよいでしょう。ジョグの有用性を説明しましたが、やり方次第ではランニングフォームに悪影響が出てしまいます。ジョグはランニングフォームに余計なクセや無駄な動きが入り込みやすいのです。なぜなら、ゆっくりだから。ジョグばかり続けていると、結局、自分が走りやすいように全体的にゆっくりな動きになり、どうしても接地時間も長くなってしまいます。間違った意識のジョグを続けていると速く走れなくなるばかりでなく、大腿やふくらはぎに余計な筋肉がつきやすくなってしまいます。

ゆっくりした動きの中にもメリハリを、ということで、スローシザースを説明しましたが、それでもやはりレース時に使う筋肉は変わります。

その人にとっていいフォームとは、その人が速く楽に長く、そしてケガをせずに走れるフォームです。楽に？　長く？　ケガをせず？　どの言葉の定義も曖昧ですよね。しかし一点、明確なポイントがあります。「速く」です。

スローシザースできっちりとSSCを意識して、ジョグを繰り返してきたのなら、そろそろ次のステップに移行してもよいでしょう。手っ取り早いのは速く走ってみることです。走りに刺激を入れてあげましょう。徐々にスピードを上げていって「フルマラソンを走れる自分のペースってどのくらいだろう？」とおっかなびっくり探りながら走るより、自分が走ることができる心地いいくらいの快調走を体感してから、ペースを落としていって自分のマラソンペースを見つけ出す方がより効率的です。速く走ることによって、自分にとってそのフォームが楽で疲れないものかがわかります。そして無駄な動きがそぎ落とされ、フォームが洗練されていきます。

一番最初にやったシザースを意識しつつ、1分間を少しずつ速く走ってみてください。いきなり全開でダッシュしてはケガに泣きます。スタートダッシュはせずに徐々に速度を上げて、風を感じながら気持ちよく走ってみてください。力まないで、ランニングフォームが崩れないように意識します。最後も徐々にスピードを落とします。主観的運動強度は「会話は難しく、息は乱れる」程度のペースになりますが、1分間なら、そこまで疲れないし息も上がらないでしょう。フォームもそのくらいなら維持できるでしょう。心地よいレベルのスピードで走ることが大切です。走り切ったら4分間のジョグ。これもシザースを意識すること。ジョグのストライドはほんの20～30㎝で。キロ7～9分かかっても構いません。これを繰り返すことによって、フォームはどんどん洗練されていきます。なぜ、このように緩急をつけるのでしょう。よくないのはスピードの緩急のコントロールができず、速くもなく遅くもないペース走のようになってしまうことです。最初からペース走にすると、後半に疲れてきてしまい、ランニングフォームが崩れます。それでは後半の崩れたフォームを脳が記憶します。それでは自分に適したフォームがわからないままになります。快調走とジョグは明確に分けてメリハリをつけ、快調走は、毎回、新鮮な気持ちでやるようにしましょう。

【POINT★13】1分の快調走＋4分のスローシザース（ジョグ）×5～10回。快調走の主観的運動強度「会話はできず、呼吸はゼェゼェハァハァするけれど、ランニングフォームが崩れるほどではないレベル」で、速度にメリハリを。

初心者ならずとも中級者レベルでも、日々ランニングフォームがしっくりいかなかったり、固まっていない人にもお薦めです。ジョグだけの日も、最後にウインドスプリントといって50~100mほどスピードを出した走りを4~5本入れて終えるだけで、速いフォームのイメージを維持することができます。

●大転子ランニングのやり方 ~坂道走ドリルで最適な着地ポイントを見つけよう

前著でも取り上げた坂道走ですが、ダッシュをすることで最大酸素摂取量の向上を狙い、インターバルなどのポイント練習に耐えうる足作りのためでした。今回はドリルとして意識してみましょう。足裏を着地させた時に脛が垂直に立っていると、一番地面を押せる感じがしますが、実はその感覚ではタイミングとして遅くなります。真下に押してしまうと結局、坂道なので斜め後ろの力の方向になり、ブレーキが掛かってしまい、速く走れません。着地した瞬間に脛はもう前に倒れこんでいなくては重心が乗り込めません。つまり、感覚的には足裏の前方に着地重心があるようにします。そのタイミングをつかみやすいの

斜面に対して脛部が垂直または後傾して着地すると上に跳んだり
ブレーキが掛かって効率が悪い。着地位置も前方すぎることが多い。

脛部を前傾させることによって重心が乗せや
すくなる。着地位置も真下に近くなりやすい。

坂道ドリルは身体の背面も鍛えられるいいドリル

が、坂道を登る練習なのです。
速く走ろうと思わず、足裏より前方に重心を素早く移動することだけを心掛けてくださ
い。足裏は素早く後ろに流れるようになり、後ろへの跳ね上がりもかなり大きくなります。
あまり着地重心を前にしすぎると、グリップせずに足が後ろに流れすぎになってしまいま
す。それもよくないので、一番トラクションが掛かるポイントを見つけてみてください。
間違えてはいけないのは、後ろに跳ね上げようとハムストリングスを使って、腿裏に踵を
引きつけようとすることです。全く真逆の筋出力になります。

●大転子ランニングのやり方 ~ガチ走りバージョン（意識のまとめ）

さて、段々とスピードが上がってくると、ランニングフォームも自然なものに変わって
きたと思います。スピードが速くなると色々な無駄が排除されていきます。速くなると着
地衝撃が強くなってくるので、ウォーキングと違い、重心の真下を通過する時も膝が曲が
ります。ケニア人の速い選手は、スピードを上げるにしたがって地面との接地時間は短く
なり、上下動も小さくなるため支持脚の動きは小さくなります。具体的には膝関節や足首
の角度は動かなくなって1本の棒のようになっていくのです。ここがランニング指導の難
しさですが、よくないコーチは「膝や足首を固めなさい」と言ってしまうのです。ある箇

所を意識して固めることは力みを生んでしまい、無駄なエネルギーを使うことになります。基本は力を入れないことです。実際、ケニアの選手はあまり筋肉を固める予備緊張がないことがわかっています。力を入れないとグニャグニャになってしまいそうですが、伸張反射をうまく使い、作用線が関節に近いところを通ることにより、力を入れずとも関節の角度が変わらないままスムーズな重心移動が可能になるのです。もちろん着地の時にグニャッと股関節が崩れてしまい、体幹がうまく使えていないランナーにはケンケンやその場跳びなどプライオメトリクスで地面の反力をうまく使えるようにする必要があります。

スピードが速くなると、足自体も勢いよく前や後ろに振り出されるようになります。しかし膝は前方にも後方にも伸ばそうとしてはいけません。膝は曲がったまま着地して、曲がったまま後ろに向かいます。そして離地後にまっすぐ伸びそうになる膝は、左右の骨盤の向きが切り替わって前向きの力を受けるので、結局曲がったまま前に向かいます。膝を意識的に後ろにまっすぐ伸ばしてしまうと後ろ向きの力が続くことになり、足の回転に無駄な時間を生んでしまいます。このように走っている初心者はたくさんいます。

意識するのは、後ろへの蹴り出しではなく、とにかく前に素早く足を戻すこと。そしてとにかく早く着地させることです。どうしても地面を蹴り出してしまいがちな人は、トレッドミル感覚で走ることをお薦めします。地面を蹴って自分が前に進むのではなく、流れている地面を足裏でタッチしていくような意識を持つのです。

大転子ウォーキングとの違いでも説明しましたが、速いスピードになると骨盤の動きも小さくキレのあるものになっていきます。傍目から見ると動いていないように見えますが、骨盤を固めようと考えてはいけません。鞭を打つ手首のスナップもとても小さいキレのある動きが伝わり鞭の先端は素早く大きな動きになります。ゴルフに例えるなら、骨盤で起動された動きが上体、そして腕に伝わり、クラブのヘッドまで到達した時にはすごいスピードとパワーでボールを打ち出す。そのイメージです。

以降、5点のイラストで、大転子ランニングの意識を解説しています。今回はより上肢帯と骨盤の連動を理解しやすいように斜め前から描きました。さらに筋出力の方向を矢印でわかりやすく表示しています。ランニングにおいての正しい力の使い方をぜひ意識してください。それだけですぐに速くなれます。

大転子ランニング
～ガチ走りバージョン～

1 左足のターンオーバー期

左の大転子の動きが進行方向に切り替わります。それに伴い左の上肢帯、左胸や左腕の肘も前に向かいます。ただ、肩そのものが先導すると、軸がブレてしまうので気をつけてください。主に動くのは鎖骨と肩甲骨です。背骨はねじりませんが、胸椎は受動的にやや動きます。

この上体の動きが起動スイッチになって、左足がムチの先端のように前に向かい始めます。この局面を、ターンオーバー期と呼びます。遅いランナーは、この骨盤の前後の切り替えがゆっくりなのです。左膝は離地後に解放されて、一瞬、伸び切ろうとしますが、また曲がって前に振り出されます。つまり、膝には一切、進行方向と逆向きに力が掛かる局面はありません。ずっと前方に向かう意識が正解です。この時に左足の筋肉で使われるのは、主に※腸腰筋ですが、伸張性収縮なので、全く意識する必要はありません。膝から先に向かわせようとすると※大腿直筋が主導筋になってしまいます。つまり左足には一切、力を入れる必要はありません。

右足はこの時点では、膝を前に進ませようとか腿を上げようとしては無駄な動きになります。

素早く着地させようとハムストリングスのテンションが掛かっています。右足先はわかりにくいですが※ウインドラス機構が働き、ややつま先が上がり小指球あたりから着地しようとしています。こちら側からも足裏が少し見えていることに注目です。つまり、足裏は内側を向いて、斜めに着地します。

※腸腰筋、大腿直筋…17 ページの下肢の筋肉名称図を参照。大腿直筋は、大腿四頭筋の一つ。
※ウインドラス機構…足底に備わった自然に着地衝撃を和らげるシステム。足指が地面に着地前にハネ上がり足底筋膜を緊張させ、着地時には逆に足底筋膜が伸ばされ衝撃を吸収、そして離地時にはまた緊張して推進力の助けとなる。『走れ！マンガ家ひぃこらサブスリー』で詳細に解説。

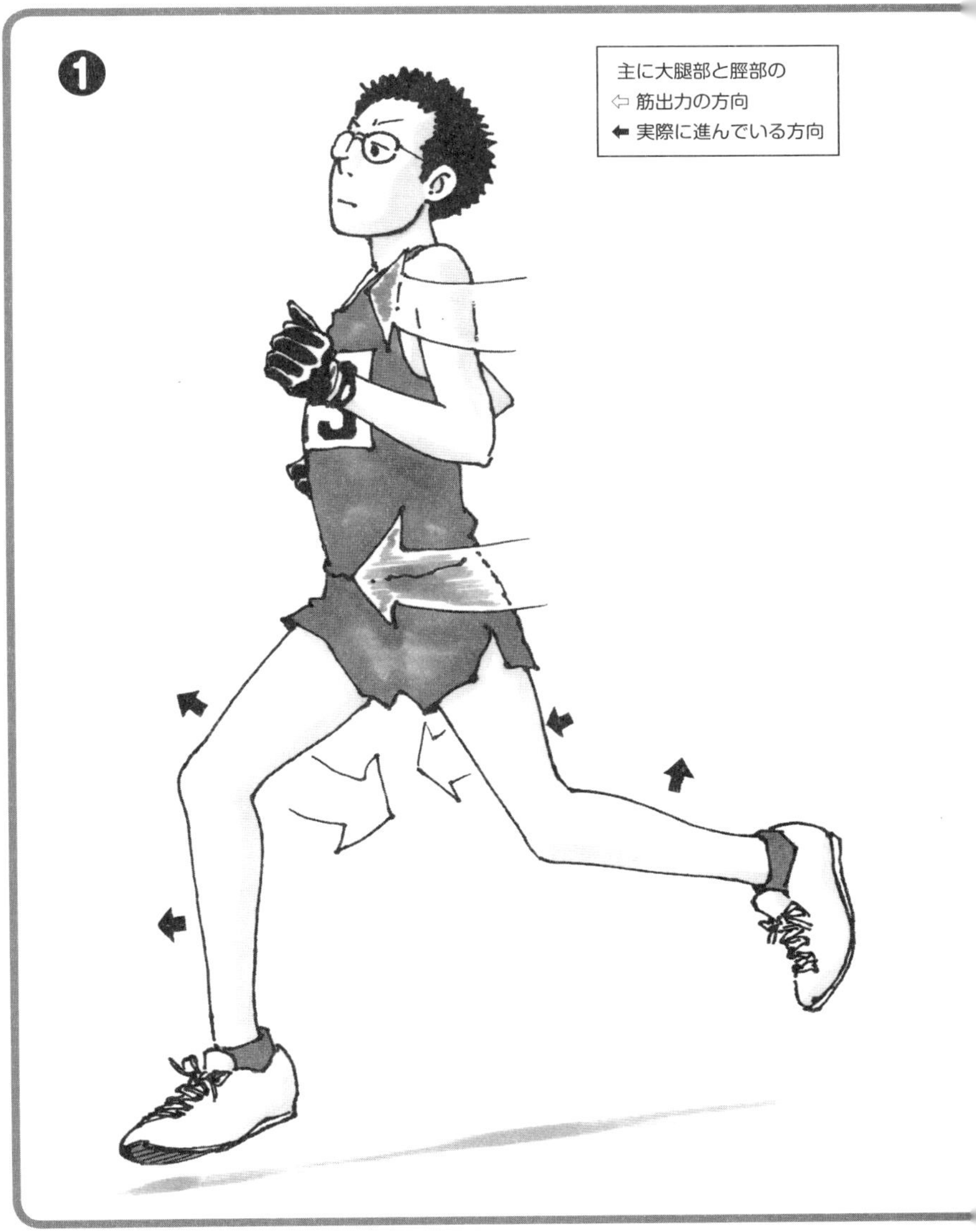
❶
主に大腿部と脛部の
⇦ 筋出力の方向
⬅ 実際に進んでいる方向

2 右足の着地期

右足が※回内して着地します。重心よりやや前方になりますが、意識的にはほぼ重心の真下と思ってよいです。真下着地を謳う指導書は多いですが、完全な真下着地だと前につんのめってコケてしまうことになります。やや前方に着地することにより、小さくブレーキが掛かりますが、それが地面からの大きな反力をもらうコツです。スローシザース（大転子ランニングゆっくりバージョン）では、棒立ちに近いイメージでしたが、ガチ走りバージョンでは、着地衝撃を受けて、またSSCでエネルギーを再利用するために、股関節は大きく屈曲します。

着地はほぼフラットが好ましいですが、ある程度の踵着地になっても構いません。ここで変にストライドを出そうとさらに前方に着地すると、踵の角から落ちる極端な踵着地になってしまいます。その逆で、意識的に前足部着地をしようと、つま先を下げてしまうランナーも同様で、地面の反力がもらえず、忍者走りのような単なる小走りになってしまいます。

左足はこのあたりで腸腰筋などの屈曲筋パワーが弱っていきます。しかし太腿自体は進行方向に勢いよく向かっているので、左膝より下は作用反作用でお尻側に跳ね上がります。これは力が抜けているから起きる動きで、わざと踵をお尻に引きつけようとしているのではありません。

※**回内**…足は着地する時に内側に倒れ込むような動きが生じる。踵が接地すると回内が始まり、土踏まず（内側縦アーチ）がつぶれるようになる。着地衝撃を和らげる、正常で自然な足の動き。

❷
主に大腿部と脛部の
⇦ 筋出力の方向
⬅ 実際に進んでいる方向
23

3 右足のパワーポジション

身体の重心真下に右足が乗り込みました。ランニング時における一番のパワーポジションです。地面の反力を最大限にもらうためにタイミングよく地面を真下に押します。後方にひっかいたり掃こうとしてはいけません。

しかし逆説的にいうと、この時点で地面を意識的に押そうとしても遅いのです。速いランナーのピッチは 1 分間に 180 回以上。つまり 1 秒に 3 回以上、地面に足が着きます。それほど地面は素早く後方に流れているのです。蹴るとか押すとか離地をねばるという意識は捨て、地面には足で瞬間的にタッチする感覚が一番近いといえるでしょう。接地時間をなるべく短くするのです。

右脛が素早く倒れこみ、膝は曲がったまま進行方向に進みます。この時点で腰が「く」の字に折れ曲がっているのは着地衝撃を受けとめる自然な体勢なので問題ありません。しかしこの時に着地衝撃に負けてグニャッと、または自ら意識的に骨盤の右側を後ろに流しすぎないようにしてください。この流れる動きが大きすぎると地面の反力が逃げてしまい、エネルギー的な損失が大きくなります。このあたりが大転子ウォーキングとの大きな違いになります。つまり、骨盤は大きく動かせばいいというものではありません。コンパクトにキレよくが理想です。重心真下のあたりで右膝を左膝が追い越します。このシザース動作の切り替えを早くします。

左の太腿はまだ前方に向かっていますが、ここらへんで急激にストップが掛かります。そのために、左の膝下は跳ね上がった後に作用反作用で、今度は前向きに勢いよく振り出されることになります。しかし、左膝にはテンションは掛からず力は抜けています。わざと膝先を振り出そうとしてはいけません。

❸
主に大腿部と脛部の
⇦ 筋出力の方向
⬅ 実際に進んでいる方向
53

4 右の大転子起動期（離地する前）

このへんで、今度は右側の縦軸が切り替わり骨盤の右側が前に動き始めます。右の大転子、右の上肢帯が前に出ます。こちらも肩を前に大きく動かさないようにしましょう。左右の肩の高さも水平を保ちましょう。右足は地面の流れに沿って後ろに流れていきますが、右側の大転子の動きが進行方向に切り替わるので右足にも前向きの力が掛かります。右足の拇指球や親指で地面を押し出すとか蹴るといった記述をよく指導書で見かけますが、末端意識になり、間違っています。

またこの時に、前著でも書いた腰低意識にしないと、トラクションが横に掛からず上に抜けてしまいます。腰高だと、大臀筋とハムストリングスが十分に使えないのです。かといって、ハムストで後方に引くような動きをしてしまうと、短縮性収縮の筋出力になってしまい、せっかく着地で生じたSSCのエネルギーを無駄にしてしまいます。足を後方に引くのではなく、その分、骨盤を前に出すことを意識するだけで、かなりトラクションを掛けやすくなります。腰低意識というと、腰や膝を曲げてかがんだ姿勢のように思えてしまいますが、支持脚を含めた身体全体が、横から見て弓のように反った姿勢が理想です。

右足は着地の時に❷の局面でブレーキングで少し力が発生し❸の局面で最大パワーが地面に垂直に発生します。そして❹の局面では力はほぼ収束しています。離地を遅らせ、一定のトラクションをずっと掛けることで推進力が増す、というのは完全な誤解です。骨盤の向きが逆向きになり、いつまでも足が後ろ側に流れたままになってしまいます。足裏には一切、テンションを掛けずに、スッと抜くのが正解です。スッと抜いても指先は曲がるので、勝手にウインドラス機構になっています。

❹
主に大腿部と脛部の
⇦ 筋出力の方向
⬅ 実際に進んでいる方向
53

5 右足のターンオーバー期

完全に右側の軸が前に出ています。それに伴い股関節の腸腰筋に伸張性収縮が起きて、ムチのように右足が前に出ます。股関節や膝関節に意識的な力は要りません。二重の振り子のように前に振られます。拇指球や指で蹴り出している人は、この時点で右足首の角度が脛と一直線に近くなっています。ケニアのトップ選手は、地面を蹴っていないので、直角に近い角度を保ったまま前方に向かいます。

左足は、この時点で膝を前に向かわせようとか太腿を上げようとしてはいけません。ランニング時の両足とも浮いた滞空時間は加速ではなく減速区間です。ピッチを上げるためにも素早く着地する意識が大切です。

上半身は基本的に重心の真上に骨盤があり、さらにその真上に頭が位置できていれば、アゴが上がっていても構いません。それが長距離を楽に走る姿勢です。加速局面でもないのに極端な前傾姿勢にしてアゴを引くと、余計な力を使ってしまいます。

腕振りは基本的に骨盤の動きに連動します。右側の骨盤が前に出たらそれに伴って右の上肢帯も前に動き、右腕も前に向かいます。これらは体幹の動きに合わせて自然に振られるので、意識するべきではありません。気をつけるべき点は、横から見て右の肘を胴体より前に振らないようにしてください。不自然な腕振りになって肩に力みが生じます。上体もブレやすくなります。後ろにも肘を意識して引こうと思わなくてよいです。グイグイ前後に振り回すことで走るスピードが上がるわけではありません。肘から先は自由に前なり横なり振って結構です。

❺

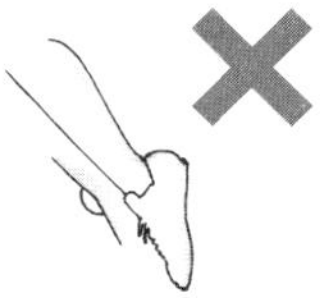

離地の時につま先で蹴っていると、足首の角度が脛に対してまっすぐに近くなってしまう。

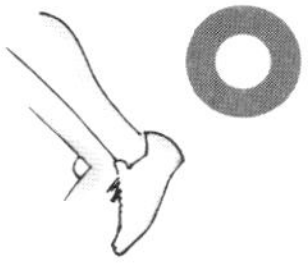

正しい離地の足首の角度は、蹴っていないから、ほぼ直角のまま前に向かう。

●大転子ランニングのやり方　～最大酸素摂取量（VO_2max）を上げて呼吸を楽にしよう

大転子ランニングを意識して速いスピードを経験して、洗練したランニングフォームを獲得したら、今度はマラソンを走れる持久力をつけましょう。いくら走り方が効率的になったとしても、心肺機能が追いついていなければ、そのスピードは維持できず失速してしまいます。まずは最大酸素摂取量（VO_2max）を刺激して、長く速く走れるようにインターバル走トレーニングを開始します。ただ、これも初心者用にアレンジしています。多くのランニングクラブのインターバル走トレーニングは追い込みすぎだと感じているからです。

まずは最大酸素摂取量という言葉に引っかかった人もいますよね。

「ん？　最大酸素摂取量？　そんな全速力ダッシュみたいな練習したってフルマラソンとは関係ないじゃないですか」と。

確かにそうなんですけれど、VO_2maxを上げることによって、その下のレベルで走る時にも余裕度が上がるのです。体感スピードとしては、主観的運動強度「会話はできず、呼吸はゼェゼェハァハァするけれど、ランニングフォームが崩れるほどではないレベル」で3分～4分走ります。走り終わったら、その間は2～3分のゆっくりしたジョグでつないでください。距離で行なってもよいです。その場合、大体800m～1㎞の速い区間と200～300mほどのゆっくり区間を設定してください。

インターバル走の、よくある間違いを挙げます。

①緩急のメリハリがない……ゆっくり走る区間も速くなってしまうために、本来速く走る区間がセーブされたペースになりがち。

②速い区間を5分以上に設定してしまう……その場合、血中乳酸濃度が先に上昇してしまうために、追い込んだトレーニングができなくなってしまう。そして速い区間は最低2分以上は必要。ゆっくり区間を短く設定してしまうのもよくない。

③速い区間をより速く走れれば、より追い込んだトレーニングになりVO_2maxがよりレベルアップすると考えてしまう……一見、理に適っているように思えるが、LTペースより若干遅いペースで走るマラソンというスポーツにおいては無意味であり、逆効果。乳酸を溜め込んでしまう高強度のトレーニングは疲労、故障を誘発する。

④本数が多すぎる……結果、最後までこなすために適したペースより強度が弱められてしまう可能性が高い。

⑤インターバル走トレーニングを週に何回もやる……やるのは1~2週間に1回程度で十分。

【POINT★14】3〜4分の快調走＋2〜3分のスロージョグ（キロ7〜9分）。快調走の主観的運動強度「会話はできず、呼吸はゼェゼェハァハァするけれど、ランニングフォームが崩れるほどではないレベル」。速度にメリハリを。

●大転子ランニングのやり方　〜乳酸性作業閾値（LT）を上げて筋持久力をつけよう

最後の仕上げはマラソンへのステップアップとして大切な、筋肉の疲労持久力の指標となる乳酸性作業閾値（LT）を上げましょう。安静時や強度の低い運動時には、脂肪の方が筋グリコーゲン※よりも多く使われます。運動強度（ランニングの場合、速度）が上がってくると、急激に筋グリコーゲンの利用が高まるポイントがあります。すると筋グリコーゲンを利用する過程で血液中に乳酸が多く出ることになります。逆にいうと、乳酸が出るということは筋グリコーゲンを使っているということなのです。その筋グリコーゲン利用が上がるポイントを超えないギリギリのペースのランニングを繰り返すことによって、乳酸の処理能力が上がり、LTレベルを上げることができます。フルマラソンにも直結したかなり有益な、しかしキツいトレーニングになります。

※筋グリコーゲン…筋肉に蓄えられるグリコーゲン（糖）で、筋肉収縮のエネルギー源になる。体内のグリコーゲンの8割強が筋グリコーゲンとして蓄えられており、運動においてとても重要な役割を果たしている。

1600～2000mを主観的運動強度「会話が少しできる、でもずっとは続けられない。そして呼吸は少し乱れる。でももう少し頑張ったらとても乱れてしまう。その中で一番スピードが出ている」感覚で走ります。それを3～4回。途中はジョグで5分ほどつなぎましょう。もしくは20～30分のペース走。その場合、少し強度を落としてもいいです。これが大体フルマラソンで走る自分のペースと思ってください。これらを計ることによって、フルマラソンのターゲットタイムもおおよそイメージできます。こちらも1～2週間に一度行うと、フルマラソンに対しての持久力を上げていくことにつながります。

【POINT★15】1600～2000mの快調走×4回＋3～5分のジョグ（キロ7～9分）。もしくは20～30分のペース走。主観的運動強度「会話が少しできる、でもずっとは話せない。そして呼吸は少し乱れる。でももう少し頑張ったら乱れてしまう。その中で一番スピードが出ているレベル」

これらは段階を経て徐々に行っていきます。マラソンはピラミッドのように大きく広い土台ができあがっていかないと、レベルアップは望めません。初期のほとんどの練習はジョグのみでよいくらいです。そしてフルマラソンを走ろうと思ってからも、ジョグがほとんどの練習を占めてかまいません。VO_2maxやLTトレーニングはくれぐれもある程度ランニングフォームが固まってから。そしてそれからも詰め込まずチョイスしつつ、練習の1割に満たなくても大丈夫です。

また、普段のジョグができていない場合、いきなりドンッと多く走るのは故障もしやすくなりますし、疲れすぎてその後に回復のために何日も空けなくてはいけなくなり、ポイント練習自体の効果も薄れます。かなり足のできあがった熟練者が効率を求めて土日のみのドカ走りをする例もありますが、初心者は真似をしてはいけません。ポイント練習のために普段のジョグはあり、普段のジョグがなくてはポイント練習は活きません。故障もしやすくなります。

学生の頃から部活などで運動をしていた20代～30代のまだ若い人でしたら、疲労の回復も割と早く、筋力もあると思うので、強度の高い練習を続けても平気かもしれませんが、遅くから走り始めた人は、まだ着地衝撃への耐性も低く、故障しやすいのです。初心者のレベルアップに関しては、スピード練習も取り入れて書きましたが、最初の数カ月～1年間程度はスピード練習などしなくてもよいと思います。長い距離と一定のペースで走り続けることによって身体は慣れていきます。

40代に差しかかると速筋が徐々に失われ、遅筋が増えてきます。瞬発力から持久力に強い身体に変わっていくのです。だから、強度の強いジャンプトレーニングやスタートダッシュを連続するような練習は、容易に故障を誘発します。マラソン人口に40代、50代が多いのは、瞬発力などは落ちるが持久力は高いという理由もあるのです。

5 フルマラソンにおいて現実的な問題に対処する

●レースを振り返って自分に何が足りないかを考える

これまでは初心者の方がどうやってランニングフォームを洗練させて、そして走力のレベルアップを図るべきかを書いてきました。読者の中にはすでにフルマラソンに参加している方もいると思います。フルマラソンに参加すると、大会によっては完走証に５㎞ごとのラップタイムをグラフにしてくれる場合があります。またスマホのアプリやＧＰＳウォッチで、１㎞ごとのタイムを記録している方も多いと思います。その結果をもってマラソンにおいて自分に足りないものが見えてきます。

ラン友さんのケース①

「私が毎週出ている練習会はインターバルの練習がほとんどです。キツいんですよ。１㎞×７回のメニューが多いかな。途中のつなぎ（ジョグ区間）の設定も短くて、しかも速くて、そのために途中で何度もやめてしまって。だから最近は失速が怖くなってかなりレベルを下げて最後まで余裕を残しつつ走り切れる感じでやってます。ずいぶん楽にはなりま

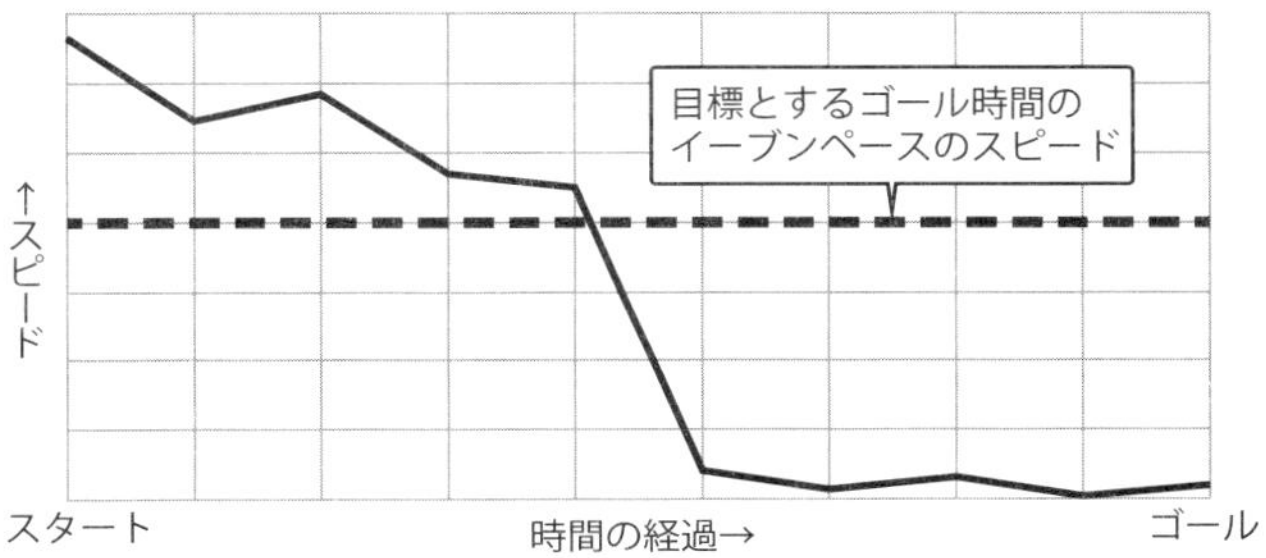

ケース①後半のタイムが落ちる人のペース変化

したが追い込めてるのかな……と不安になります。実際、フルマラソンではタイムは後半タイムの落ち込みが激しいです」

3〜4本なら走り切れるペース設定でも、段々ときつくなって遅れをとるのが嫌で、最後までメニューをこなせるように、自分が走れるタイムよりかなりスピード設定を落としているというのです。この場合、インターバルといっても、VO_2maxやLTを刺激するターゲットゾーンから外れてしまっているのかもしれません。つなぎも速いし短いでは、とどのつまり7km程度のペース走をやっているのと同じなのです。フルマラソンに臨む場合は、ゆっくりでもいいのでロング走をやるべきなのです。

ほとんどのランナーは、最後はややタイムが落ち気味になってフルマラソンを走り終えますが、極端に後半のタイムが落ちてしまってペースダウンしていたら、それは完全なオーバーペース、もしくは筋持久力が足りないということになります。

その場合、足が棒になるような感覚に陥り、ストライドもピッチも上がらなくなるはずです。そういう人に限って60分以内の速いペース走、またはインターバル練習ばかりやっていることが多いのです。練習には変化が必要です。色々な距離やスピードを組み合わせましょう。その方が身体への刺激になるのです。練習では、本番レースが2カ月後くらいになったら1～2週間に1回程度のロングのペース走を取り入れた方がいいということになるでしょう。タイムはレースペースよりキロあたり15秒から30秒ほど落ちて構いません。私も、サブスリー達成時に行っていたのはキロ4分30秒～50秒の設定でした。3時間半を狙うならキロ5分15～30秒、4時間ならキロ5分55秒～6分10秒がよいでしょう。

長さでいうと30～35㎞がよいと思います。30㎞以上は必要ないという指導者もいますが、残りの12㎞ちょっとの経験が大切だと思います。大抵はそこでガクンと落ち込むのですから。30㎞過ぎてからが本当のマラソンだとよくいわれます。もう疲弊して足のバネが失われ、足裏も痛くなっています。その状態で前半のタイムからどれだけ落ち込まずに一定のペースでゴールまで走りきれるか。これがフルマラソンの醍醐味といえましょう。それに耐える足を作らなくてはいけません。私は20～30㎞走をクラブの練習会でやった後に、いったん「お疲れさまでした」とご挨拶して5分ほど休んでから、ややペースを上げて5〜10km走るトレーニングを一人で追加したりします。かなりキツイんですが、結局、本番レースは集団走も後半はバラけてきて一人になることが多いですからね。これによって本番では「よし、あといつもの10km追加練習だ！」と気持ちを入れ替えることができます。

20kmまで速いのに、それ以降ガクンと失速してしまうパターンは20代から30代の若いランナーによく見られるパターンです。簡単にいうと自分のペースがわかっておらず、突っ込みすぎるのです。途中から歩いてしまう場合もあります。自分のペースを理解して自制心を養うことです。適切なレースプランも必要でしょう。若いランナーはまだ速筋もバネもあり、きちんとした練習をすれば必ずいい結果が出ます。インターバルでスピードを磨くのもいいですが、やはりロング走をやるべきです。30km以上の走りで自分の身体にどんな変調が表れるのか知っておくべきでしょう。

ラン友さんのケース②

「よくランニングの本に、マラソン大会のスタート直後はウォーミングアップがてら身体が温まるのを待つと書いてあるから、そのとおりに走ってます。大会だとスタート直後はたいてい混雑しているし、ビルドアップっていうじゃないですか。走り始めってケガも怖いしね」

確かに、人気大会のスタート時の渋滞は悩みの種ですね。

「最初からバーッてスピード上げて走っちゃうと、すぐ息が上がってバテちゃう気がするんです。15～20㎞くらいでリズムに乗ってくる感覚はあるんだけれど、適正ペースなのかもわからないから、やっぱり失速が怖くてセーブするように走っています。ネガティブスプリット※で後半上げる走りがいいっていうじゃないですか」

後半型でペースは上がっているのですかと聞くと、

「いやぁ、それがなかなか。結局30㎞過ぎるとやっぱり疲れてきちゃうんで、徐々にペースダウンしちゃうんですよね」

マラソンを走り始めたばかりのランナーに多いケースです。フルマラソンの距離が途方もなく思えてしまい、途中でバテてしまうことを恐れてペースが上げられません。ハーフまでの前半をジョグモードで抑えてしまうために借金だらけの展開になります。後半、その借金を返済すべくペースを上げられたらいいのですが、30㎞以降は疲労が溜まってしまい、結局それもままならないという展開です。やはり、市民ランナーで30㎞過ぎに余裕があるというのは相当な練習量を重ねないと難しいと思います。逆にいうと、30㎞過ぎてか

※ネガティブスプリット…マラソンのペース配分において、前半を遅めに走り、後半でペースアップする走り方。

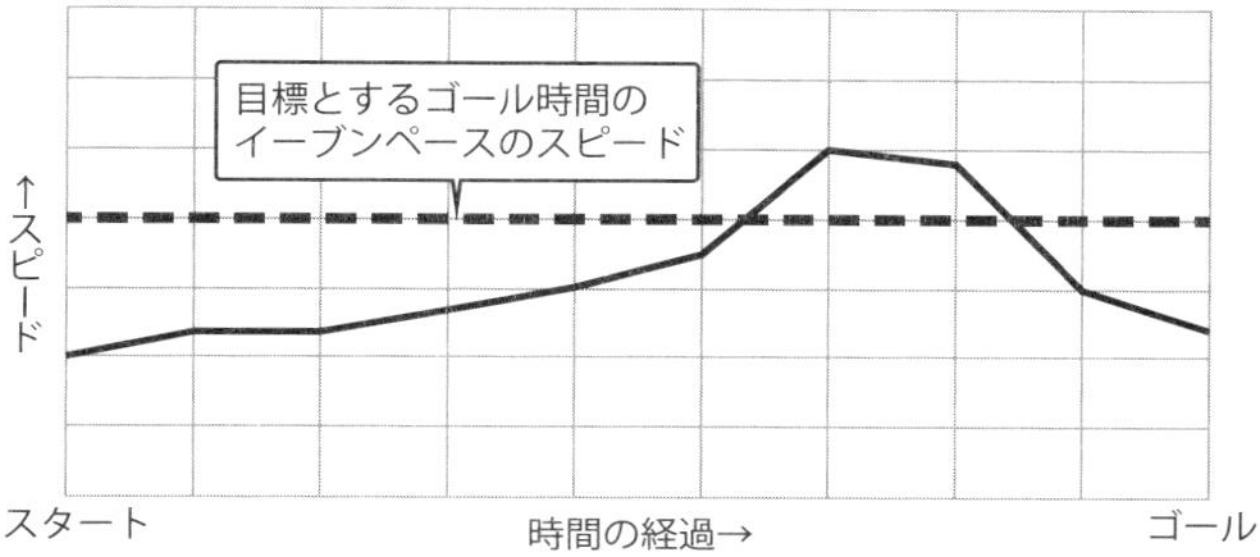

ケース②後半のタイムが上がる人のペース変化

ら一番速く走るということは、前半にどれだけスタミナや足を温存しなければいけないのかの設定が悩ましいのです。やはり最初から一定のペースを刻むか、前半はやや速めに入り、ハーフまでにある程度の「貯金」を作り、後は粘る、ひたすら粘る。その方が無難な気がします。かなり経験があるランナーは、中盤までやや抑えて入り、後半に上げていく展開もありだと思います。いずれにせよ、マラソンで一番大切なのは、ペース感覚です。

グラフ②は、スタート直後から前半、予定していたペースに届かず、後半、身体が動くようになるにつれ、ペースが上がっています。もちろん、スタート直後の大混雑でペースが上げられない場合もあります。ウォーミングアップが十分でなく、身体が動かない場合もあるでしょう。確かに、スタート直後は待機時間が長ければ、ウォーミングアップから心拍数も落ち、それがいきなりスタートして上がるので体内のグリコーゲンも多く消費されます。しょっぱなからあんまりペースを上げたくないのもわかります。また本などで情報を得て、後半にペースが上がる「ネガティブスプリット」を狙って前半のペースを抑えてしまうランナーもいます。慎重派ともいえます。しかし、ケニアやエチオピアのトップ選手たちが往々にしてネガティブスプリットなのは主に大会側のペースメーカーの設定が低いからです。なのでペースメーカーが離脱する30kmからヨーイドンになってペースが上がるのです。ほとんどの一般市民ランナーは30kmのあたりではすでにかなり疲弊しています。結局、前半ペースを上げていないために貯金もなく、失敗レースになってしまいます。

スタートからペースが上げられないのは基礎スピードが足りないからなので、スピードトレーニングを多く行うようにします。前著でも取り上げた疑似本番スタート走をやってみましょう。スタートから適正スピードに上げることに対しての身体の拒否感への耐性をつけましょう。スタート直後から自分のイメージしたスピードとランニングフォームを維持できるようにします。私はこの練習でスタート時の苦しい感覚がかなり楽になりました。1kmくらいを3～5回行います。スピードを上げるには身体の神経系を鍛えて、巧緻性を上げる必要があるので、自分がターゲットとするマラソンのスピードより5～10秒速く設定します。サブスリーを狙うならキロ4分5〜10秒。3時間半ならキロ4分50〜55秒。4時間ならキロ5分30〜35秒がよいでしょう。インターバル練習と違うのは、1回1回心拍数を平常時まで下げてしまうことです。休憩は多めにとります。3〜5分。歩いてもいいし、座ってもいいです。ゆっくりとしたジョグでつないでもいいです。毎回、ブロックに整列して号砲が鳴った本番をイメージして新鮮な気持ちでスタートするようにします。疲労してフォームがグダグダになってしまっては、練習の目的が変わってしまいます。特に大会前のテーパリングの時期にやると効果的です。

ラン友さんのケース③

「自分の適正ペースっていうのがわからないんです。普段、都内を通勤ジョグしかしてないし、交差点や踏み切りで止まっちゃうでしょう？　坂が多いところを好んで走っているから鍛えられているとは思うんだけれど……」

普段の通勤ランとかで距離を走っている人は、長い距離に対しての耐性はできています。しかし、一般道は停止するポイントがたくさんあります。簡単にいうと休めてしまうのです。坂道は息が上がり鍛えられそうですが、逆にペースを落としてしまったり甘えが出や

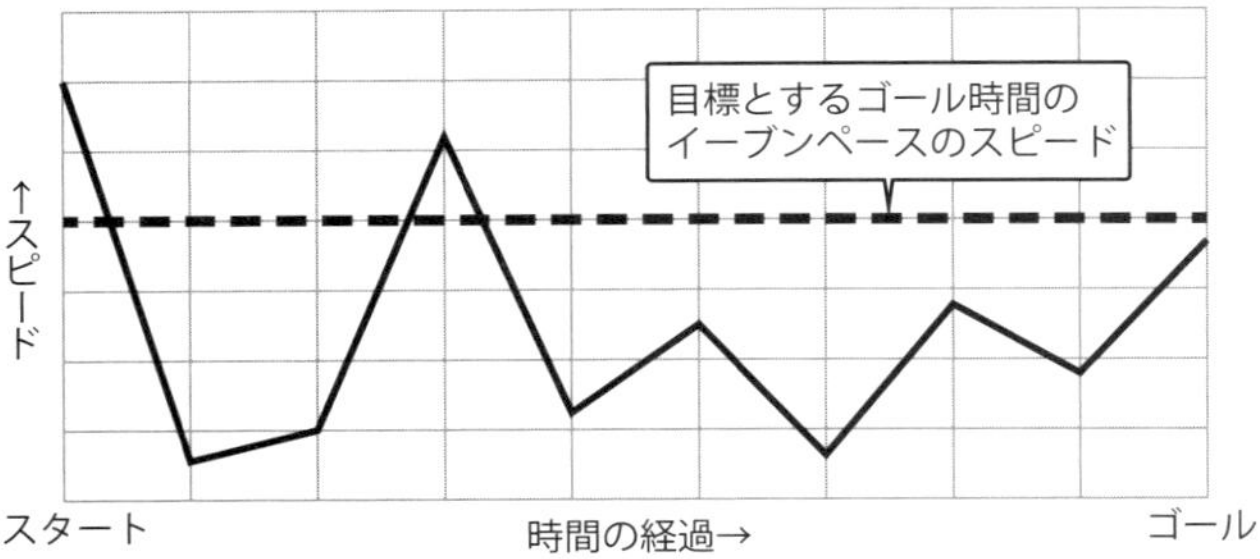

ケース③レースペースが体得できていない時のペース

すいところです。フルマラソンの大会は、スタート以外はノンストップでスピードの上げ下げがあまりありません。自動車が加減速を繰り返すと燃費が悪くなるように、マラソンの走りも一定のペースで走る方が燃費効率がいいのです。さらに例えると、マラソンの走りは自転車のギアでいうと軽くて高回転のギアをずっと速く回している感じです。遅いランナーはこの高回転ができていません。テレビ中継のマラソン大会や駅伝の選手に合わせて腕を振ってみてください。相当速いピッチであることがわかると思います。

「まあ、レースだとテンションも上がっているから調子が出てきて大体こんなタイムだろうなって時計を見ると予定のペースより30秒も落ち込んでいて愕然として慌ててペースを上げたりして」

その上げ下げがいけないのです。徐々に疲れが溜まってきます。

「ふと身体が軽くなる感覚があって、足もすごく動くようになって調子に乗っちゃうんでしょうね。何度かそういうセカンドウインド※で2～3㎞調子に乗って走っては失速するの繰り返しです。飽きちゃうのもあるのかな」

グラフ③は、レース中、タイムが乱高下を繰り返してしまうというもの。これはレースペースの体得ができていないパターンです。精神的にもムラがあることも多いです。これはレースペースでの持続したペース走を30～40分ほど行い、自分が走りたいペース感覚を身体に馴染ませてください。サブスリーの場合、キロ4分15秒、3時間半ならキロ5分、4時間ならキロ5分40秒です。ペースの上げ下げはスタミナのロスにつながります。一定のペースで走りましょう。

インターバル練習ですが、実は1㎞以下ではフルマラソンとの相関関係はあまりありません。100mや400mが速くても、それは勢いだけで走れている場合も多いのです。つまり1㎞で速く走れたとしても、フルマラソンにつながらないことも多いのです。その相関性が出てくるのが1500mからなのです。レースペースの体得を目的とした場合、余裕を持って2000mのロングインターバルがお薦めです。それを3～4本ほど。間は1～2分のジョグでつないでください。これもレースペースで行ってください。それより

※セカンドウインド…スタートから最初の苦しさを抜けて、身体がランニングに慣れ、楽に感じるようになるポイント。

速いと目的が変わってしまいます。呼吸が苦しくてゼェゼェハァハァになるのでは、速すぎます。慣れてきたらタイムの確認は時計を見ながらではなく走った後でターゲットタイムが体得できているか確認するようにします。

●年齢への抗いをリアルに考察する

加齢というものは、本人はそう感じていなくてもいつの間にか忍び寄っているものです。私も54歳。いつしか老眼で手前のモノが見えにくくなって頭にも白髪が目立つようになってきました。お酒もだいぶ弱くなりました。最大心拍数が加齢により落ちてくるのはマラソンには直接響きます。全身への酸素の供給量が減ってしまうわけですから。自分の身体の衰えを認めることは辛いことです。フルマラソンでいうと統計上、1歳の加齢により1分30秒ずつタイムは落ちていくというデータがあります。サブスリーでいうと達成できるのは全マラソン競技者中3％足らず。50代だとその数は1％未満。60代だと何と0・1％まで激減してしまいます。私の印象では20代～30代はまだ筋肉にバネがあり、普段の練習もロングのジョグ走のみで前半突っ込みすぎなければ十分にサブスリーは狙えると思います。40代前半まではその貯金でいけることも多いように思えますが、45歳を過ぎると加齢は加速します。野球やゴルフなどは、ベテラン選手が若い選手とは別メニューで経験を生かして活躍する例もありますが、それもごく少数です。マラソンの場合は、体幹トレーニングなどで筋力を維持したり、スピード練習を取り入れるなど工夫が必要になってきます。故障や疲労への対処も大切です。社会的な立場や家庭の環境も30代の頃とは変わっているでしょう。多くのランナーは自己ベストを出した時の練習ノートを振り返り、そのメニューをもう一度やったりしますが、最大心拍数も筋力も落ちているのに、同じメニューと距離を維持するのみの練習で、自己ベストをさらに更新できると考えるのは甘い話と言わざるをえないでしょう。月間走行距離もなるべく増やすべきです。

●走行距離を伸ばすとケガをするのか？

走行距離を伸ばすとケガが多くなるというのはよくいわれる話ですが、定義を間違えています。走ることによって壊れない足が作られます。効率を求めてはいけません。気をつけなくてはいけないのはスピードの設定なのです。やみくもに速いスピードで長い距離を走りまくっていたら、それは故障を誘発します。それと同じく「スピード練習はケガが怖いからやらない」とよく聞きます。しかし、そういう方に限って意外と速いスピードで帰宅ランをしているものです。多くのランナーが間違えているのは、スピード練習よりジョグのスピード設定です。スピード練習をしたのに、その疲労抜きをかねてのジョグも割と速いペース（キロ5分〜5分30秒）で走っているのです。それでは疲労が蓄積して故障する可能性が飛躍的に上がってしまいます。ジョグはキロ6〜8分、場合によっては9分だって構わないのです。同じく、毎週のようにレースを入れているのに普段の練習も高強度で行っていても故障の確率は上がります。悪者はスピード練習ではなく、全体的な練習の強度を高めすぎた弊害であることがほとんどです。

なお一方で、スピード練習はマストアイテムではありません。快調走（キロ5分程度）を週に5〜7日ほどを続ける距離からのアプローチという方法があります。その場合、どうしても月間走行距離を稼ぐことになり、かなり時間が取られることになりますが、どうしてもスピード練習を入れると故障が増えてしまう人は選択肢として考えてもよいと思います。私の知り合いでも、その方法でサブスリーを達成している人間が何人かいます。しかし、彼らもまた5㎞や10㎞のレースをシーズン前に頻繁に入れているので、スピード練習を全くしていないわけではありません。

6 長距離を走る相棒となるシューズの選び方にこだわる

●シューズを選ぶ時の三大基本原則はコレ

初心者はどんなシューズを履けばいいのかと迷う場合も多いかと思います。ジョグを始めるあたりでランニング専用のシューズを手に入れるとよいと思います。メガネをかけていない人にとってはよくわからない例えになってしまいますが、度の合っていないメガネをかけ続けると、目が疲れる上に頭痛や肩凝りの原因になるばかりか、視力そのものも落ちてしまうこともあります。またフレームが自分の顔の形に合っていないとズレてきたり重たく感じたり、煩わしいことこの上ありません。メガネ自体は視力が落ちた目をサポートする便利なものですが、一歩間違えるとさらに健康を害するものになりかねない側面があります。

ランニングシューズにも同じことがいえます。たかがシューズと思わず、これから長い距離走るのを一緒に付き合ってくれる相棒です。メーカーごとに色々と特徴があります。「弘法　筆を選ばず」という諺があります。しかしシューズ選びはこだわりたいです。サイズもですが、足の形はみな違うもの。親指が長い人、人差し指が長い人、足の甲が高い人、そして左右の足の形状もピッタリ同じという人はあまりいません。デザインやカラーに目が行きがちですが、第一前提として自分の足の形に合ったシューズを履いてください。

シューズを買うにあたってキーポイントを三つほど列挙します。

①踵に愛情を～ヒールカウンター
ランニングシューズの踵周りには、ヒールカウンターと呼ばれる成型された固い芯材が入っています。踵をしっかりとホールドしてまっすぐな状態に保つだけでなく、ランニングを安定させてくれる役割があります。重要なのは、この部分が自分の踵にスッポリとハマっているかどうかです。日本の伝統的な履物にわらじがありますが、うまく歩くには鼻緒の部分はユルユルにして踵をしっかり固定する必要がありました。現代のシューズにも似た側面があります。

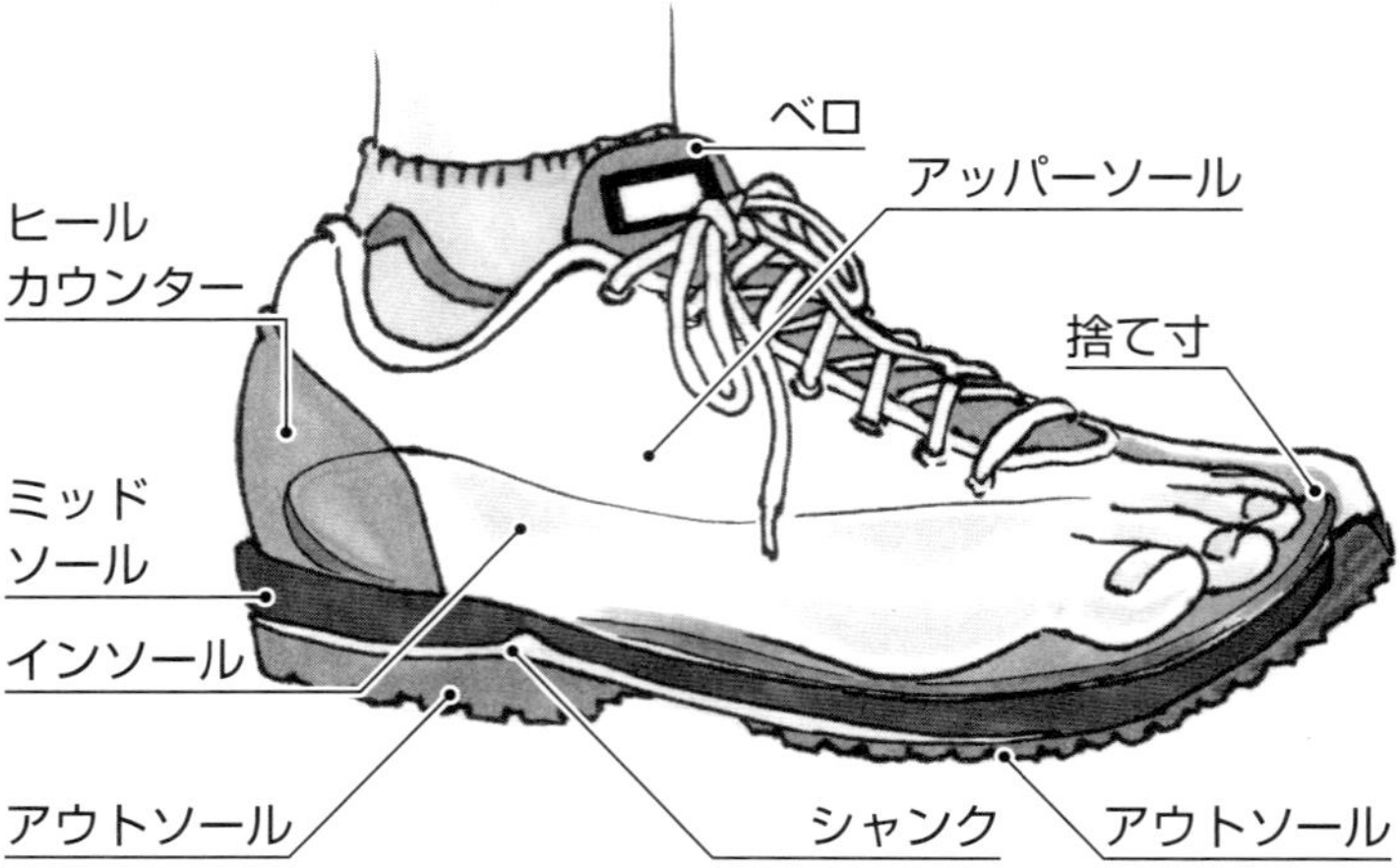

キチンと紐を結んだ時でも踵を上げると中で浮いてしまったり、横に隙間ができてしまうようなヒールカウンターでは、走るたびにシューズの中で踵がぶれてしまい、後々、足底筋膜やアキレス腱などに故障を抱える可能性があります。

ヒールカウンターは成型されたものなので、履いているうちに馴染むわけではありません。必ず自分の踵に合ったサイズのものを探しましょう。また、一部のシューズはランニング目的を謳っているのにカウンターが柔らかかったり、入っていないものもあります。ハッキリ言って、カウンターが入っていないものはランニングシューズではないと思います。でも、フルマラソンで3時間以内の人が履く靴として、軽量化のためか、堂々とカウンターが入っていないものも売られています。また、サンダルのように、シューズの踵を踏んでしまう人がいますが、カウンターや履き口の変形の原因になるのでやめましょう。

②指先に自由を～捨て寸

シューズには捨て寸というものがあります。捨て寸とは靴のつま先の空間のことで、ランニングシューズの場合、指から靴の先までに1～1・5㎝くらいの空間があります。捨て寸の長さは靴のデザインによって違い、先のとがったものほど長くなります。カウンターが踵に合っていて幅のちょうどいい靴を履くと、甲のところで押さえられて足が止まり、つま先には適正な捨て寸が確保されます。ところが、幅や高さが自分の足に合っていない緩い靴を履くと、甲が正しい位置で止まらずに前に滑り、「捨て寸」の部分にまで足先が入ってしまいます。靴のつま先は狭くなっているので、親指が寄せられたり小指が重なったり曲がったりして大変窮屈な状態となり、最悪、爪が前側に当たって内出血したり、はがれたりします。指の変形も容易に起きます。

シューズのフロント部分は、指がある程度上下に動くことも重要です。アッパーソールの柔軟性も大切です。指が動かないと、前著で触れたウインドラス機構も働きにくくなってしまいます。シューズのデザインやシェイプを気にするあまり、足の指が束ねられたような感覚があるシューズはくれぐれも履くべきではありません。

自分の足の形に合っているかは、そのシューズのインソールを取り出し（接着されている場合もありますが）、その上に足を乗せてみてください。インソールから大きく足がはみ出す場合は、そのシューズの足型と自分の足が残念ながら合っていないということです。

③足裏に安定を～シャンク

シャンクというのは、靴の裏の真ん中にある金属または硬いプラスチックでできた芯のことを言います。ランニング時に足のアーチを支え、反発力に寄与して、体重がかかっても靴の底に歪みを生じさせない役割を持っています。大抵のランニングシューズは足裏に見えるように存在しますが、フラットソールの厚みによってねじれ剛性を高めているシューズもあります。大切なのはシューズの屈曲特性です。踵を持って地面に押し込んで真ん中がグニャリと曲がってしまったり、一部がカクンと極端に曲がってしまうシューズはよくありません。シューズ屋さんで試してみてください。真ん中は折れ曲がらず、どちらかというとつま先の部分が曲がるシューズ、それもグッと反発を感じるくらいがランニングにはちょうどよいです。

●子供のシューズの減りを確認する

お子さんを持つ親御さんは、「どうせすぐ成長するのだから」と大き目のシューズを選んでしまうことが多いと思いますが、子供用のシューズは安価ですし、なるべくお子さんの成長に合ったシューズをその時々で選んであげてください。子供の遊びはシューズを酷使します。中には、アウトソールどころかミッドソールまで削れて穴があき、足裏が見えてしまっているお子さんもいます。一度、歩行時についてしまった足首の歪みはなかなか治すことができません。ぜひとも気をつけてあげてください。

●若いコーチは薄くて軽いシューズを薦めがち

陸上競技などを学生から続けてきた身軽な20代〜30代のコーチは、ソールの薄いランニングシューズを薦めることが多いのです。遅くから走り始めた人は着地衝撃に耐えられるだけの足がまだできていないことがよくわかっていないのです。体重への考慮もです。また初心者はランニングフォームが固まっておらず、間違ったフォームで過度に足に負担を掛けた場合、容易に足は故障します。……と書きますと、故障しないようにするにはクッションのあるシューズを履くというのが一般的な考え方かもしれませんが、そう簡単なものでもないのです。

●「クッション＝着地衝撃の緩和」は成立するが「着地の衝撃緩和＝ケガしない」は成立しない

足の裏には、体勢や衝撃を感知するメカノレセプターというセンサーが備わっています。足裏をこちょこちょとくすぐられると弱い人がいると思いますが、実はそのような足裏感度が高い人の方がバランス能力が高いのです。ほんのちょっとの身体のぐらつきを足裏にあるセンサーで感知して脳に送り、その情報をもとに足の筋力でバランスの修正を行なうのです。このセンサーは驚くべき性能で、例えば、柔らかい絨毯《じゅうたん》と硬い板の床を裸足で歩くと、歩幅を歩行中枢が自然に変化させます。本人が意識するしないは関係なくです。固い床では着地衝撃を弱めようと歩幅を小さくするのです。また筋電図で測ると硬い床だと足の筋肉は柔らかく使われ、柔らかい絨毯だと足の筋肉は固くなって着地による衝撃を一定に保とうとすることがわかっています。

クッションが厚く足の保護機能が高い、いわゆる柔らかいシューズは、地面から足裏に伝わる情報を鈍化させてしまいます。路面がアスファルトで硬いのに、アウトソールが柔らかいとメカノレセプターは誤作動を起こし、脳に誤った情報を送ってしまい、足の故障の原因になってしまうことがあります。クッション性がある柔らかいシューズだと、ストライドが本人の足の能力以上に伸びて、結果、着地衝撃が靴底が薄いシューズと変わらなくなる場合があります。またその場合、クッション性が仇《あだ》となり、踵が不安定な状態で着地して過回内など足首の折れ曲がった着地のクセを助長する場合もあります。

もっとも、ソールが薄くクッションが少ないシューズの場合、初心者はその着地衝撃を弱めるために、無意識にストライドを狭くしたチョコチョコした小さな走りに固まってしまう可能性があります。そのくらい自分に合うシューズを見つけるのは難しいのです。シューズ屋さんで試し履きしたくらいでは、なかなかそのシューズの特性はわからないものです。提案としては、サポート機能もクッション性も中間レベルのシューズを1足買ってみることです。また、評判のいいシューズは定番となっていることが多いので、最初はそれらを試してみるのもアリかと思います。その場合、最新のバージョンが一番優れたものとは限りません。色々な人の意見を聞いてみることも大切です。

●中級者以上もシューズ選びは悩みの種

もちろん中級レベル以上のランナーにもこの問題はつきまといます。フルマラソンでは重いと疲れるからできるだけソールが薄いシューズを選べばいいのか、それとも着地衝撃を受けての後半の疲労を考えると、少しはクッション性やサポート性を気にするべきなのか。上級者は大抵が薄いシューズを選ぶでしょう。しかし近年、ケニアやエチオピアの優勝に絡んでくるトップ選手がフルマラソンで履くシューズに、やや厚めのモノも多く見られるようになりました。素材など日進月歩で進化して、かなりクッション性があっても反発力があり軽いシューズが作られるようになってきたからです。もう少し時が経てば「薄いシューズ＝速いシューズ」という図式が成り立たなくなる日も来るかもしれません。

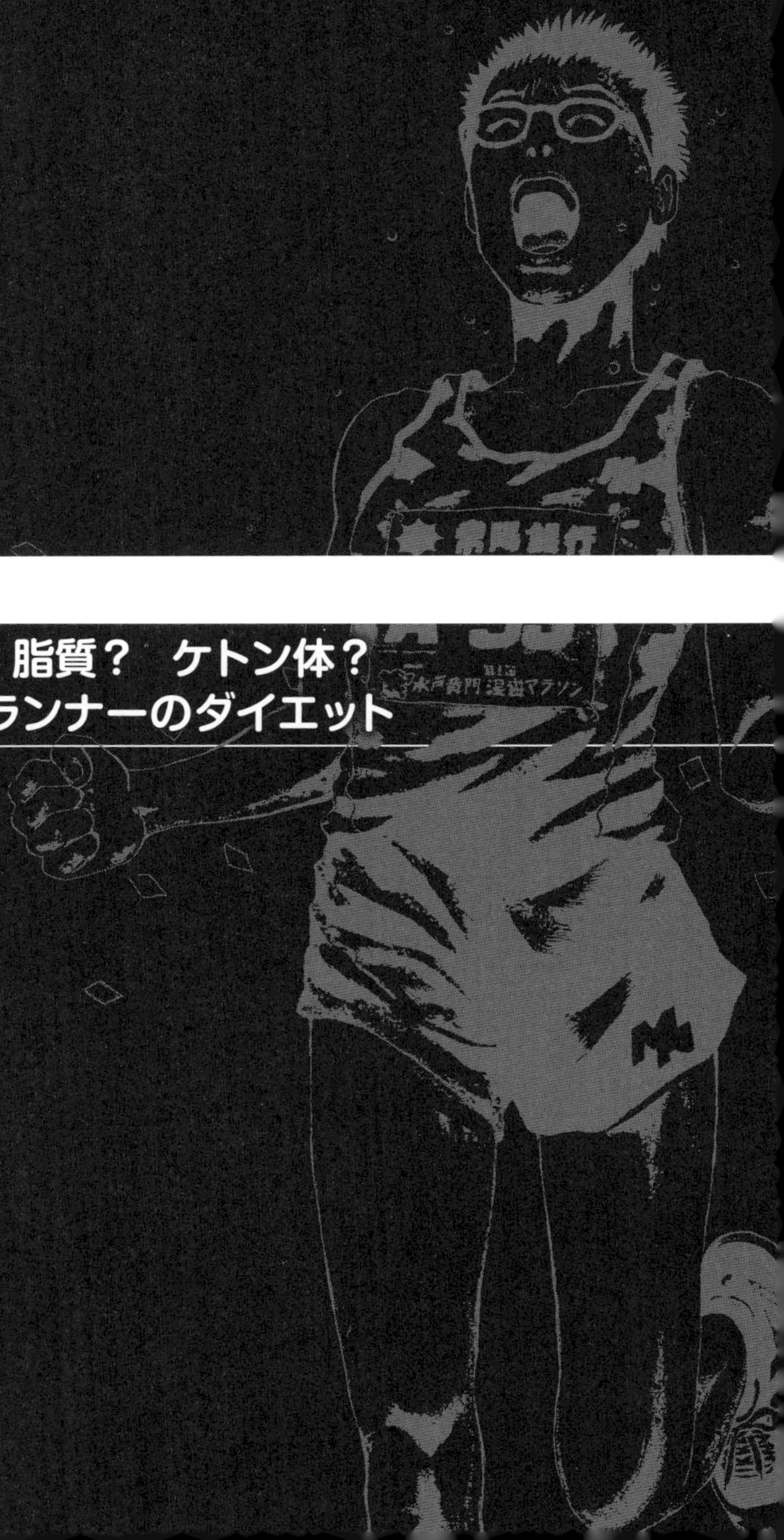

第4章
糖質？　脂質？　ケトン体？
悩めるランナーのダイエット

1 フルマラソンに向けてダイエットを成功させる

●フルマラソンを走るのにダイエットはかなり有効

1kg体重を減らせば3分タイムが縮まるといわれています。もちろん、90kgの人が3kg減らすのと60kgの人が3kg減らすのでは比率が違うので、効果も違うと思います。私はサブスリーを達成する前の2015年の勝田全国マラソン※が3時間5分でした。その時の体重が58kg。これはカーボローディングを開始する前の体重なので、スタート時には筋グリコーゲンと水分で2kgほど上がって60kg程度だったと思います。次の板橋CITYマラソンまで2カ月を切っていました。フルマラソンを走り終えた疲労を考えて、そこから回復をしてトレーニングを開始しても、そう簡単に2カ月で走力は上がるもんじゃない。しかし、単純にあと2kgダイエットはできるだろう。そうすれば走力を上げるといわず維持しても、6分縮まる計算になる。そう思いました。

また、有森裕子※さんや高橋尚子※さんを育てた小出義雄監督が著書の中で「サブスリーを達成するのは57~58kgくらいの体重」と発言していたこともあります。そこまで下げる価値はあると思いました。結果55kgまでダイエットに成功し、5年前には85kgあった体重から30kgの減量ができました。30kgは、お米の10kgを3袋分です。相当な重さ

※**勝田全国マラソン**…茨城県ひたちなか市で毎年1月下旬の日曜日に開催されるマラソン大会。フルマラソン（42.195km）と10kmの2種目を実施している。日本陸上競技連盟公認コース。ややアップダウンはあるが記録は出やすい。ゴール後には名物の完走いもが配られる。
※**有森裕子**…元女子マラソン選手で日本におけるプロランナーの草分け。オリンピックは1992年バルセロナで銀、1996年アトランタで銅メダルを獲得。

ですね。それが自分の身体についていたかと思うと不思議な気分です。

　この本はダイエット本ではありません。しかしマラソンを走るにあたって健全に体重を落とすことは、走力も上がり故障の可能性も下げる有効な手段です。単純に考えて体脂肪の多い人は、余分な大量のバターをリュックに背負って走っているのと同じです。それを下ろして軽くすれば、速く走れるのは明らかです。具体的には足の着地衝撃が減ります。実際アメリカの研究で、トレッドミルで被験者の胴体を吊り上げて体重を軽くしたところ、ランニングエコノミーがずいぶん上がりました。他のさまざまな要因、バランス、ブレーキと加速、足のスイング、腕振りの経済性などと比較しても、体重減少が一番効果があったのです。フルマラソンを走った人ならわかると思いますが、足の着地衝撃による大腿四頭筋の疲弊はつらいもの。当然受ける衝撃は大腿筋が支える体重に関わってきますから、体重は軽ければ軽いほど有利です。それにともなって故障する可能性が下がります。重たく分厚いシューズを履いて着地衝撃を下げようと考えるより全然、効率的です。

　そして体重が減ると、最大酸素摂取量（VO_2max）が上がります。マラソンでいうと呼吸の余裕度が違ってきます。スピードも上げられます。ランニングフォームもよくなります。さらにスタイルもよくなります。周りから見られる目も変わります。

※高橋尚子…女子マラソンの元世界記録保持者。2000年シドニーオリンピック金メダリスト。女子スポーツ界で初の国民栄誉賞を受賞。愛称は「Qちゃん」。

2 ランナーが陥りやすい間違っているダイエット神話ワースト10

●根拠のないダイエット法は鵜呑みにしないこと

根拠のないダイエット神話が多く広まっています。間違っているものもあれば誤解されて伝わっているものもあります。星の数ほどダイエット法はあります。インターネットの普及により、さらに枝葉末節なダイエットが増える傾向にあります。しかし、ダイエットの方法というのはもうずいぶん昔から確立されているのです。摂取するカロリーを制限するというごく当たり前の内容です。

間違っても何か同じものばかりを食べ続けたり飲み続けることによってダイエットが成功するとは思わないでください。それは一時的なものです。「りんごダイエット」や「バナナダイエット」などが一過性のブームで消えていったのは、特定の食物に頼る気楽なダイエットが続かないことを立証しているといえます。また「ダイエットする」ということはこれから一生痩せた体を維持する、という意味です。食に関してライフスタイルを今後変えるということです。痩せて目標体重に到達したらまたドカ食いして太ってよい、という意味では決してないのです。ダイエットが終わって、今までの生活習慣に戻してしまい、体重の増減を繰り返すことは、かえって脂肪肝などが起きやすく、身体に負担を掛けることになります。

運動には癌やうつ病、糖尿病の予防など、健康上のメリットが多くあることがわかっていますが、厳密にはダイエットはその中には入りません。肥満に対しての運動の効果を結びつけるべきではありません。「運動したらたくさん食べていい」、または「たくさん食べたいから運動している」という概念ではダイエットできません。「こんなに走っているのに痩せない！ 全然効果がないじゃないか」と憤る人ほど、ご褒美と称してたくさん飲み食べしているのです。体重の減少はシンプルに食の改善で実現するものです。

しかしモチベーションの維持という面で、運動はダイエットにメリハリをつけてくれます。何もしないでダイエットするより健康的に痩せることができます。そしてその運動はランニングが最適です。他の運動……自転車、水泳、筋トレなどより全然、効率が高いのは間違いないです。しかし、ランニングにおけるダイエットも、根拠がなかったり誤解されて伝わっていることがたくさんあります。芸能人、栄養士、ジムのトレーナー、そしてランニングの専門家や指導者までもが、疑問符のつくダイエットの誤解を流布しています。

私が選んだランニングにおけるダイエットにまつわる誤解を、ワースト10として紹介したいと思います。

●第一の神話「筋肉をつけて基礎代謝※を上げるとダイエットの効率が上がる」

よくダイエット本に登場する言葉です。

「基礎代謝を高くキープすることができれば、消費エネルギーが相対的に高くなり痩せやすい体質に変わります。そして、この基礎代謝を高める要素が筋肉になります。筋量が増えると基礎代謝を高めることができます」

なるほど。しかしちょっと疑問が湧きませんか。「筋量が増えたら、体重も増えるんじゃ……？」そもそも基礎代謝は体重に比例します。痩せていけば単純に基礎代謝は下がっていくもの。そして太れば基礎代謝は上がります。太っている人ほどベッドに寝転がっている状態での基礎代謝は高いものになります。同じ運動をした場合、体重の重い人ほどエネルギーを消費します。つまり、太れば太るほど基礎代謝は上がるのです。矛盾していませんか。

これはもともと、高齢者の寝たきりなどの廃用症候群に関しての健康寿命におけるリハビリ研究から出てきたものです。筋量の多い若い人には当てはまるものではありません。確かに筋肉は脂肪よりエネルギー代謝量は高いです。しかし、筋肉は基礎代謝のわずか5分の1程度にしか影響しないのです。基礎代謝に多く寄与しているのは脳と肝臓です。筋肉量を1kg増やすことができても、基礎代謝は13～50kcal程度しか増えないといわれていま

※基礎代謝…何もしなくても生命活動を維持するために消費されるエネルギーのこと。

す（50kcalでビスケット1枚分程度です）。そして、筋トレして筋肉量を1kg増やすということは大変なのです。トレーニングしても半年から1年ほどの期間が必要です。そもそも痩せながら筋肉をつけるという行為自体なかなか難しいのです。筋肉のみがつくことはありえません。脂肪とセットがほとんどなのです。ちなみに脂肪が筋肉に変わるとよくいわれますが、筋細胞と脂肪細胞は別物です。そこまでしてトレーニングして作った筋肉でも、ビスケット1枚分の基礎代謝しか増えてくれないのです。それならビスケット1枚我慢した方が手っ取り早くありませんか。

ランニングをするだけの筋量があるならば、走ればいいだけです。わざわざ筋トレをして筋肉をつけてからダイエットを開始するのは効率がいいとはいえません。また、筋量が増えると基礎代謝量が上がり、グリコーゲンの消費量が上がることになります。つまりランニングにおいては、無駄に筋量が多いとエネルギーが切れやすく効率の悪い身体になり、マラソンで絶えずスポーツドリンクやエネルギージェルなどで補給しないと動けない身体となってしまいます。このような筋肉が基礎代謝に必要という記事は、ジムのトレーナー上がりか筋トレ雑誌の我田引水的な記事に多いです。なぜか彼らは、ランニングを目の敵にして過剰なランニングは筋肉が分解して落ちてしまう、と警告しています。しかし、過剰な筋トレだって同じこと。「走れば走るほど、筋肉量は落ちて細くなる」のならば、実業団や大学の駅伝選手に筋肉がほぼついていないことになってしまいます。マラソンの究極はボディビルダーではなく、走るのに必要な最低限の筋量しかなく軽量化されたケニア人やエチオピア人のランナーの細身の身体です。基礎代謝量にこだわる必要はありません。

●第二の神話「有酸素運動は20分以上行わないと脂肪が燃え始めない」

有酸素運動（Aerobic exercise）が日本に紹介された時に、まことしやかに広まったのは「有酸素運動は20分間以上続けないと効果がない」という文言です。実は有酸素運動の提言者ケネス・クーパーが作った大元の運動改善プログラムにはそんな文言は記載されていません。どうも日本にきた時点で改訳されたようなのです。

さて、19分だと効果がないのでしょうか。そんなことはありません。ランニングなど有酸素運動をせずとも、日常生活でも我々は脂肪を体内で燃焼させているのです。全く身体を動かさない時は脂肪の方が、むしろ糖質※より燃焼しています。それが運動を開始すると逆転して糖質優位になります。運動直後は心肺や身体が運動に慣れておらず、その時にかなり糖質を燃焼します。筋肉へのエネルギー供給の体勢を整えようと急激な起動状態が起きるからです。それから数分後に糖質の使用度は下がり始め、脂肪の使用度はなだらかに上がり続けます。

※**糖質**…炭水化物からポリデキストロースやセルロースなどの消化することのできない食物繊維を除いたもの。

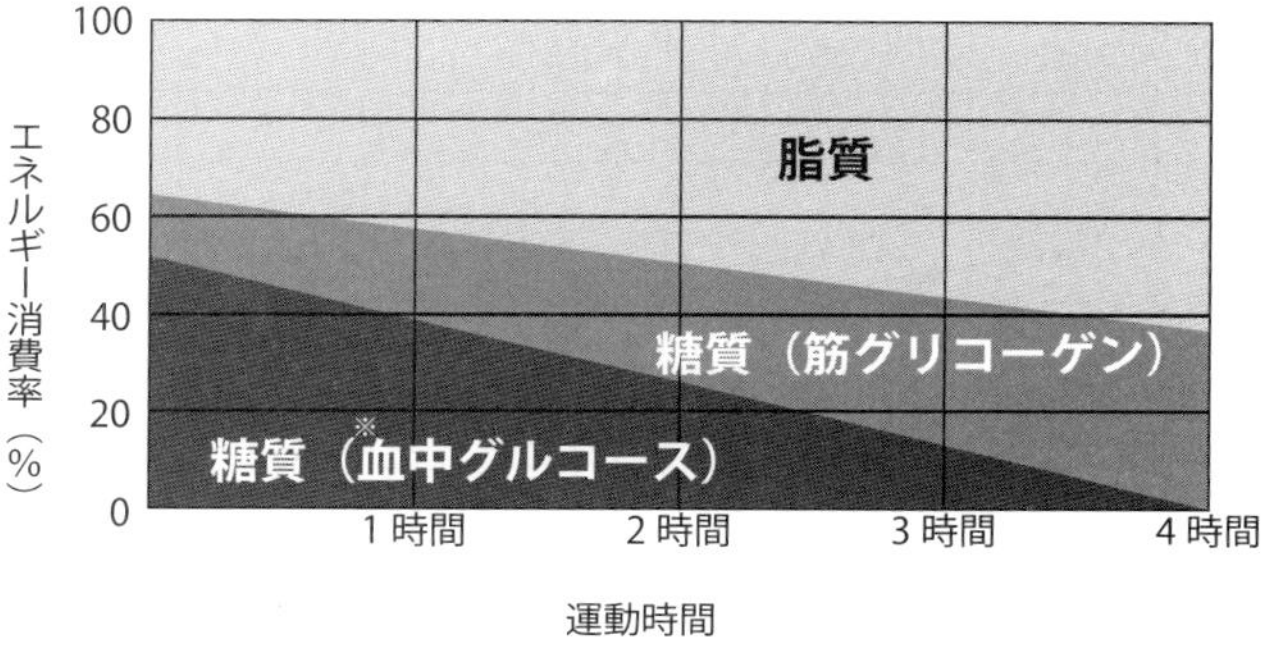

時間の経過による脂質と糖質の消費変化

最初から糖質と脂質は同じように消費されるが、時間経過が長いほど、脂質が使われる割合が高まって行く。しかし、やや割合が変わるだけで、糖質が枯渇してから脂質に切り替わるという「スイッチのオン・オフ」があるわけではない。（『ランナーズ』2008年10月号別冊を元に作成）

もちろん強度にもよります。ランニングなど有酸素運動をし始めると脂肪細胞内に蓄えられた中性脂肪が分解され、エネルギーとして利用しやすい遊離脂肪酸が血液中に溶け出します。結局、有酸素運動を開始してから20分くらいしたら、脂肪細胞の燃焼効率がやや高まるというだけのことです。20分経過するまで脂肪が燃焼していないわけではありません。有酸素運動は5分でも10分でも、脂肪燃焼効果はあります。脂肪は燃える・燃えないでスイッチのように切り替わるものではありません。20分運動することによりまず身体の中の糖質を使い、それが枯渇すると脂肪を燃やしてエネルギーにするという類いの説明も間違っています。

※**血中グルコース**…血液中のブドウ糖、人間にとって重要なエネルギー源。特に大脳をはじめとする中枢神経系はグルコースが大きく消費されるために枯渇すると倦怠感が強く出る。一定に維持するために肝臓からグルコースが放出される。この調節が上手くいかなくなると高血糖や低血糖状態が起こる。高血糖状態が続くのが糖尿病である。

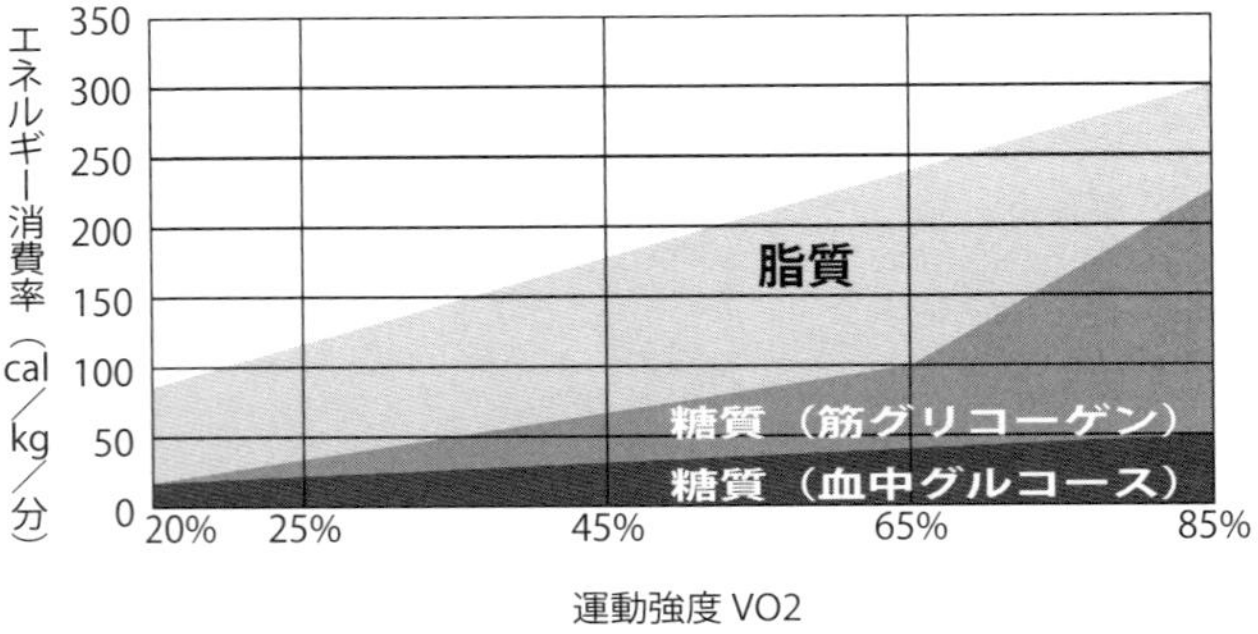

運動強度による脂質と糖質の消費変化

運動強度が高まるにつれ、糖質の消費が高まっていくが、これもまた、はっきりとした脂質との切り替えポイントはなく、割合が変わるだけである。（『ランナーズ』2008年10月号別冊を元に作成）

●第三の神話「速く走るとあまり脂肪は燃えないからゆっくり走ろう」

「ゆっくり走ることが脂肪燃焼につながります。だからダイエットしたい場合ゆっくり走りましょう」

　こちらもまことしやかにいわれていますね。

　無酸素運動※など激しい運動をすればするほど、糖質がエネルギーとして使われる比率が上がります。しかし、走り出した最初の段階から糖質と脂肪は同じように使われます。その燃焼比率はどれだけ有酸素運動なのか、つまりその速度に対してどれだけ余裕があるのかで決まってきます。有酸素運動との境界ゾーンである無酸素性作業閾値（AT）以下の運動強度では、糖質と脂肪の燃焼割合はほぼ50％ずつですが、それよりも強度が高くなる無酸素運動の領域になると、酸素不足のた

※**無酸素運動**…息を止めてやる運動のことではない。酸素を必要とせず筋グリコーゲンやATP（アデノシン三リン酸）を一気にエネルギーに変えて行う運動のこと。大きな筋力を発揮するが、短時間しか運動できない。

め脂肪よりも糖質を多く燃焼させることになります。ただ、脂肪の燃焼量は一定でほとんど変わらないのです。脂肪燃焼の観点でランニングの強度にこだわるのはあまり意味がありません。さらにいうと、燃やす絶対量を稼ぐには強度や心拍数を上げた方がいいのです。

最近わかってきたのは、身体は運動後すぐに休息モードに変わるわけではなく、安静時に代謝が高い状態が保たれる「昂進《こうしん》（EPOC＝Exces Postexercise Oxygen Consumption）」と呼ばれるエネルギー消費の高い状態が続きます。ランニング後ピタッと脂肪燃焼が止まるわけではなく、長いと24時間は持続しているといわれています。ランニング後の回復で安静時の状態に戻るために通常よりも多く酸素を消費するのです。皆さんも激しい運動が終わってから数時間経つのに、脈拍が高い状態が続いているのを感じたことがあると思います。この昂進は、強度が高いインターバル練習などに強く現れます。以前は脂肪燃焼するにはスローペースのジョグの方が効果が高いといわれていました。しかし、長時間ゆっくり走るのと、短時間に速く走るのとでは、結果はそれほど効果に差異はありません。

●第四の神話「脂肪を効率よく燃やす身体に変わりたいなら何も食べないで朝ラン」

脂肪燃焼を第一優先で考えると、朝食前に何も食べないでランニングをするといいといわれています。朝は、前日の夕食から時間が経って胃が空っぽだし、血糖値が下がっています。そのような状態で走れば体脂肪を優先的に燃焼して、さらに第一選択のエネルギー源として使われやすくなる身体になると、長年にわたって信じられている説です。ケニア人ランナーも朝食前に20㎞ほど走ることが多いようです。彼らは走る前にミルクティを飲み、走り終えてからもタンパク質豊富な食事を食べるのではなく、食パンとミルクティをすする程度。それからまた数時間して夕方前に練習を始める。その後しばらくして、ウガリというトウモロコシの粉で作った蒸しパンのような主食と野菜や肉を食べるそうです。しかもそのメニューはほとんど毎日変わりません。エネルギー消費量に対して摂取量が低い、放っておいてもダイエットになるような食事形態です。

朝からジョギングをして一汗流すのは健康的なイメージがあります。私の周りにも食べないで走るラン友さんは多いです。朝起きるのがそんなに辛くなく、仕事まで時間の余裕があり、走る元気がある場合は走るといいと思います。食べてからランニングするのはイヤだという人もいるでしょう。

しかし、ランニング中に糖質が枯渇して燃焼システムが脂肪に切り替わるわけではありません。また、朝食前のトレーニングによって脂肪優先でエネルギー燃焼できる身体に変化していく、という夢のような話がありますが、それはあくまでほんの数%脂肪寄りになるだけなのです。もちろんそのような選手もきついペースに上げたら酸素供給が追いつかず、無酸素的な糖質の分解に傾いてしまい、途端に筋グリコーゲンを消費し始めて血中乳酸濃度が上がります。脂肪が燃焼しやすいというのはその選手が長年のトレーニングによって身体の持久力が上がり、筋グリコーゲンの消費をセーブできるようになっているに過ぎません。

糖質エネルギーが少ない状態で走ると、筋肉のアミノ酸や骨のミネラル成分が溶けてエネルギーとして使われてしまう、との指摘もあります。低血糖状態での強度の高いポイント練習は効率も上がらず、危険なのでやるべきではありません。ランニング自体は、基礎体力の向上にもつながりますし、足腰も鍛えることができますので非常によい運動であることは間違いありません。しかし、起きた直後に身体がまだ覚醒していない段階で、いきなりランニングによって心拍数を上げるのは、心臓に過剰な負担を掛けることになります。また睡眠中は体温が下がっており、筋肉が固まっている状態です。ストレッチをするにしても、身体が温まっていないので筋繊維や腱を傷める原因になり得ます。特に寒い冬の朝は気をつけましょう。出勤前の朝ランニングは時間に追われてついウォームアップやストレッチ、準備体操をおろそかにしがちです。世界的ベストセラー『The Complete Book of Running 奇跡のランニング』（１９７７年）の著者で「ジョギングの神様」といわれたジム・フィックス氏は１９８４年、早朝ジョギングをしている途中、バーモント州の国道15号線脇で心筋梗塞を起こして死亡しました。まだ52歳の若さでした。私が前著を書いた年齢です。明日は我が身です。

そのようなことを踏まえると、朝食前に必ずランニングはしなくてはならないというわけではなく、やりたい人はやればいいといったレベルなのです。個人の好みと都合でＯＫです。脂肪燃焼について特別な効果は期待しないことです。走る前に食べたくない人は食べず、食べたい人は食べる。それでいいと思います。

●第五の神話「ランニング後30分以内のゴールデンタイムに糖質を補給せよ」

「運動をしてグリコーゲンの吸収が高まっている30分以内の糖質補給が効率的。30分以内がエネルギー補給のゴールデンタイムです」などとよくトレーニング系の雑誌に書いてあります。しかし、これは毎日激しい練習を行う体脂肪率一桁台のシリアスアスリートが、空腹時に強度の高いトレーニングをした後の補給方法です。人間の身体は、運動直後の一定の時間だけ糖質を通常の2～3倍の速度で吸収するという性質があります。この時間に糖質を補給すると素早く多くのグリコーゲンを体内に貯蔵できるといわれています。糖質を摂るとインスリンが出て、血中にあふれた糖質を脂肪に取り込もうとします。しかし運動直後だと、疲労回復のため筋肉が優先的に糖質を取り込もうとします。甘いものを食べても脂肪になりにくく、疲労回復も促進してくれる、まさに夢のゴールデンタイムです。私もここぞとばかりに、プロテインとともにチョコレートを頬張ります。

しかし一般市民ランナーであれば、ランニングと食事のタイミングが合わず、ランニングの前に食べてしまっていることもあるでしょう。脂肪燃焼の観点からいえば、運動前の炭水化物や糖分の過剰摂取は血糖値を上げてしまうので効果的ではありません。その場合でも、走った後にやはり30分以内に補給をしなくてはいけないのでしょうか。そんなことはありません。胃に入った食べ物が消化されるまで約2時間、小腸から吸収されるには7～9時間かかります。もしランニング直前に食べたとしたら、まだその食べたものは吸収されてない可能性が高いのです。

筋肉と肝臓にある糖質の倉庫は満杯だとしたら、どこに行くのでしょう。エネルギー源として消費されなかった糖質は結局、中性脂肪として蓄えられてしまいます。筋トレをする人に多いのですが、筋肉が少しでも減ってはマズイと考え、運動時も、運動終了時にも糖質を摂取し続けます。結局、筋肉は増えるのかもしれませんが、それを覆い隠すように分厚い脂肪がお腹周りに蓄積しがちです。もしあなたが体脂肪が一桁ではなく、翌日に本番レースやロングのペース走を控えておらず、よりダイエットを効果的に行いたい場合、あわてて食べなくてはいけないと思わない方がよさそうです。

●第六の神話「ダイエットしていくと恒常性（ホメオスタシス）の働きによって停滞期が訪れる」

ダイエットをしていくと、ホメオスタシス効果という身体を一定の状態に保とうという機能が働き、体重が下がらない停滞期に入るといわれています。そしてある一定の時期を我慢するとまた階段状に体重が落ちていくとの説明です。

ホメオスタシス効果は、一般的に体重の5％の減量を急激に行うとその効果が出現するといわれています。私は1年で10kgほど減量したので、当然ホメオスタシスの影響を受けてもいいはずなんですが、あまりその感覚はありませんでした。このホメオスタシス、都合がいいので色んなところで使い回しされているようです。ホメオスタシスは元来、体温、血圧の維持、日焼けや傷口が治ったり、ウイルスなどの病原体から身体を守る時に使われてきた言葉でした。当然ずっと体内で働いているものであり、スイッチのオン・オフのように働いたり休んだりするものではありません。

ダイエット本ではホメオスタシスからの脱出方法として、停滞期に突入したら少しだけ摂取カロリーを多くすると、脳が飢餓状態から脱出できたと錯覚してホメオスタシスを弱めてくれて効果が出やすくなる、という説明がされているようです。しかし、あくまで摂取カロリー制限がダイエットの基本です。停滞期を感じる人の多くは自分の体重の記録をつけておらず、摂取カロリーと消費カロリーのバランスを適当な感覚に頼っていて、毎日、体重計に乗っては一喜一憂しているのです。1週間など、ある程度のスパンで体重の増減をチェックして客観視することが大切です。実際、ダイエット時の私の体重を記録して半年間の折れ線グラフにすると、急な部分と平坦な部分の階段状にはならず、なだらかな下降線をたどりました。ホメオスタシス効果の影響があれば停滞期もあるはずですが、特にそのような足踏み状態が長く続くこともありませんでした。

●第七の神話「朝食を抜くと痩せられる。夜寝る前に食べると太る」

これも本当によくいわれる話ですよね。起きたばかりの朝はあまり食欲もなく、出勤を急ぐあまりコーヒー一杯で外に飛び出してしまったりします。田舎のお母さんから「朝食は食べなさいよ」と説教された方もいるかもしれません。しかし、朝食を食べるのと食べないのではどちらが健康にいいか、という話はあまり意味がありません。朝食を抜くと逆に太りやすくなるともよく話題に上がります。しかしそれはナンセンスです。1日のなかでどう食事を摂るかではなく、あくまで全体の食事のカロリー摂取量です。朝食を食べないで昼と夜に暴飲暴食を繰り返していたら全く意味がありません。

もちろん、就寝前にカップ麺を食べたりポテトチップスを食べたりする生活を続けたらカロリー摂取において問題ですが、寝る前に食べたら必ず太るわけではありません。それと同じく「食べた後にすぐ寝ると太る」というのも間違った表現でしょう。皆さんもありませんか？　ドカ食いしたのに次の日に体重が増えるどころか減っている経験。身体を横たえて休息をとる睡眠という行為は、それだけでダイエットから程遠いイメージですが、実はしっかりと睡眠をとることがダイエットにつながります。睡眠中には成長ホルモンが分泌され、脂肪の分解を促して、一晩あたり300kcalの脂肪を燃焼してくれます。これはジョギング40～50分にも相当する消費カロリーです。

逆に寝不足に陥ると、その量は3分の1以下に減ってしまいます。裏を返せばしっかり眠る人に比べ、寝不足の人はそれだけで太ってしまうということです。夜中に起きているほうがカロリー消費できるというのは誤解です。

●第八の神話「食事回数をこまめに分けると痩せられる」

食事によって血液中のブドウ糖、血糖値の上昇が起きると、血液がドロドロになってしまうのを抑制して血中濃度を一定に保つために、インスリンという物質がすい臓から放出されます。血液の糖分を排除するために、優先的にエネルギーにして脂肪燃焼を阻害します。さらに、消費されなかった分の糖を中性脂肪として蓄えようとします。結果的に体脂肪が増えることになるので、血糖値の上昇を緩やかにすれば、インスリンの過剰分泌も抑えられ、ブドウ糖が身体全体に行き渡り、エネルギーとして消費されて脂肪として蓄積されにくくなります。ただ血糖値を一定に保つことは体内でも優先順位が高く、それこそホメオスタシスの効果によって維持されています。身体に悪影響を及ぼすほどの血糖値変化はそう起きません。1日2食、朝食抜き1日2食、夕食抜き1日2食、1日5食。どのパターンを選んでも、健康な身体だと血糖値を自動的に維持するよう機能しています。

1回にたくさんの量を食べるのではなく、少量ずつ1日に5〜6回に分けて食べる方が血糖値も安定して、代謝を一定のペースで高く保つことができるといわれます。しかし、それは1日の全体的なカロリー摂取量は同じ、という前提の話です。医学的な実験では、被験者に与える食事量も厳格に制限されるでしょう。ところが我々、個人レベルでは、食事の量のセーブが難しいです。ダイエットしている時は、どうしてももうちょっといいかな……と食べ過ぎてしまい、結局、総カロリー摂取量が増えてしまいがちです。なので、私は1日に主な食事は2食としています。高橋尚子さんや赤羽有紀子さん※も現役時代そうしていたようです。1日2食だと空腹時と満腹時の差が激しく、血糖値の急上昇をあおるようにする気もしますが違います。血糖値の上昇はあくまで食べたカロリーに比例します。確かに1日2食でドカ食いすると血糖値が急上昇します。しかし、あくまで食べ過ぎなけ

※**赤羽有紀子**…2008年北京オリンピック出場。2011年・2014年大阪国際女子マラソン優勝。ママさんランナーとして世界陸上およびオリンピック代表は日本陸上界初。

れば血糖値もそこまで上がりません。意識すべきは回数ではなく、総カロリー摂取量です。

●第九の神話「糖質制限ダイエットは身体に悪い」

コンビニでコロッケパンにやきそばパン、立ち食い蕎麦屋で天ぷらうどん＋半カツ丼、中華食堂に入れば炒飯＋半ラーメン。日本人はダブル糖質の食事が大好きですよね。かくいう私も大好きです。

糖質制限ダイエットがよいか悪いか話題になりますが、体重を落としたい時は私は、デンプン質をなるべく摂らないようにします。白いご飯、うどん、蕎麦、パスタ類、パン、おまんじゅう。これらの食材は単品だし、摂らなければカロリー摂取量を下げやすいからです。これが従来のダイエット法でいちいちカロリー計算して、例えば肉野菜炒めでいうと豚肉の脂身の部分、ニンジン、ジャガイモなんて細かく食材を取り除いていたら、いくら時間があっても足りません。デンプン糖質制限ダイエットはお手軽なのです。デンプンのみ気にすればいいので、肉類やたまごなどの脂質も食べられるから満腹感も味わえます。日本の栄養士でいまだ糖質制限食の効果を認めない方も多くいますが、世界的には決着はすでについています。低脂肪食と低炭水化物食で比較すると、低炭水化物食（糖質制限食）が最も体重を減少させます。そしてＨＤＬ※（善玉）コレステロールが増加します。アメリ

※ HDL（善玉）コレステロール…高比重リポタンパク質。血管壁にたまった余分なコレステロールを抜き取って肝臓に運ぶ働きがある。

カでは大々的に脂肪摂取を下げるキャンペーンを行ったところ、2000年までの30年間で肥満率は倍増してしまいました。脂肪を制限した代わりに糖質の摂取率が増加してしまった結果です。糖尿病に至っては1995年の800万人から2005年には2080万人と増加してしまいました。

また脂肪を摂取制限しても意外なことに心血管疾患、乳癌、大腸癌のリスクを下げないことがわかりました。当時の常識だった脂肪悪玉説が根底からくつがえされたのです。総コレステロール値に関しても差はありませんでした。アメリカの厚生省、農務省、医学会のガイドラインで「食事によるコレステロールの制限は血液中のコレステロール値と因果関係はない」との結論が出されているのです。血液中に含まれるコレステロールの約8割は体内で生成されているからです。わが国でも血中のコレステロール値が高い群ほど癌や脳卒中の死亡率が低いのです。つまり、意外なことにコレステロール値が高いほど長寿であることがわかってきたのです。それだけではありません。コレステロール値が高いほど、ランナーとしての持久的要素が高いという報告もあります。植物油は身体によいという指導は今でも医療の現場に残っていますが、実は、むしろ心疾患は増えて死亡率は上がります。動物性脂肪やコレステロールは長い間、悪玉扱いされてきましたが、それは間違いだったのです。太る原因は脂肪ではなく糖質だったのです。

食事をすると血液中にブドウ糖があふれます。運動などで消費できない分は肝臓にいき、脂肪に姿を変えて貯えられることになります。結局、糖質こそが脂肪になるのです。

ただ、私は糖質制限食の盲信者ではありません。食事から炭水化物を極端に減らすと、すい臓でインスリンが作られず血中の糖質がなくなります。すると、身体は糖質に代わるエネルギー源として、体内の脂肪が分解されたケトン体※を使い始めるといいます。そして自分はケトン体質だと公言するアスリートもいるそうです。しかし、脂質中心のケトジェニック体質になるなんてちょっと考えられません。

人間の活動エネルギーは基本的に糖質に依存しています。糖質が枯渇すると脂肪だけでなく筋肉も分解されて、ちょっとした日常動作をするにも疲労や息切れが起きるようになります。脳もケトン体には20％ほどしか依存できません。公言する人のほとんどは「なんちゃってケトジェニック」だと思います。私にも、自称ケトン体ランナーの知り合いがいますが、そんな彼も、トレラン大会では高糖質のジェルを何本も飲んでいます。

私はデンプン以外の食べ物はしっかり摂ります。デンプン以外の炭水化物もです。いちいちトンカツや天ぷらの衣を外すなんて面倒ですよね。どんなに抜こうとしても、炭水化物はありとあらゆるものに入っているので、すべてを完全にカットというわけにはいきませんし、すべきではありません。２０１３年、国立国際医療研究センター研究所の能登洋

※ケトン体…体内の糖質が枯渇した状態で脂肪酸が燃焼する時、肝臓でできる物質、アセト酢酸とβ-ヒドロキシ酪酸のこと。通常、脳はブドウ糖しかエネルギー源として利用できないが、ブドウ糖が枯渇した時の唯一のエネルギー源になるといわれる。

医師が約27万人のデータを分析した結果、ご飯やパンなどを控える糖質制限ダイエットを5年以上続けて糖質を1日の総摂取エネルギーの30％以下に制限すると、60～70％の場合に比べて死亡率が31％も上がっていたという報告がなされました。

炭水化物を食べ過ぎるのは体重コントロールにマイナスですが、炭水化物を食べないのもダイエットにはマイナス。完全糖質カットを実行している人の身体は痩せているけれど、精気がなく何だかタル～ンとした身体をしていることが多いです。締まりがないんですよね。燃えカスが残っているといいましょうか。糖質を完全カットすると脂肪を燃焼させることができないからです。そして、当然エネルギーが枯渇しているから運動する気力も起きません。

よくないのは、そんなにお腹はすいていないけれど何となく白いご飯があるから食べている、定食でご飯がついているから食べるといった感覚です。糖質は空腹感を感じやすく、タンパク質や脂質は満腹中枢を刺激します。つまり、糖質は少し減らしてその分タンパク質や脂質を増やすようにした方が空腹感からも解放されます。

脂肪燃焼を優先させるために、糖質を制限した高脂肪高タンパク食を薦めている指導書を読んで、チーズやヨーグルト、鶏肉、アボカドなどを食べてロング走で試したことがありますが、まったく力が出ず失速してしまいました。ガチのロング走、レースの前は高炭水化物食を必ず摂るべきだと思います。それも前日までにです。そうでないと、当日に筋グリコーゲンとして蓄積されたエネルギーになってくれません。

●第十の神話「ダイエットしている時は食べ過ぎるとすぐリバウンド※する」

「単純に食事の量を抑えれば消費エネルギーの方が多くなり、痩せます。ですが、身体はエネルギーが枯渇して飢餓状態に陥っています。目標の体重に達したと喜んで食事量を元に戻すと、摂取効率が高まっており、ものすごい勢いでリバウンドを起こします。食事の節制が厳しければ厳しいほど、身体はエネルギーを貯め込もうとし、食べたときのエネルギーの吸収量は多くなります」

本当にそうでしょうか？　それを理由にして、私の知り合いの編集者は身長170cmで体重100kgから90kgを行ったり来たりしています。彼に言わせると90kgの飢餓状態はすさまじいそうです。何か食べてしまうと、もう次の日に5kgほど戻ってしまうから痩せられないと言っています。

「じゃあ、その次の日は？」と聞くと「……もうダメだと思ってさらにドカ食い、ドカ飲みを……」

「じゃあ、その次の日は？」と聞くと「まあ、食ってますね」。結局その調子で2週間。そ

※リバウンド…ダイエットをやめた後に、体重がダイエット前に戻る、またはそれ以上に増えてしまう現象。日本人のダイエット経験者のうち、60％以上がリバウンドしているといわれている。ダイエットしてリバウンドするのを繰り返すことが肝臓などに大きく負担を掛けることになる。

れじゃリバウンドするのも当たり前です。別に飢餓状態云々じゃありません。

私がダイエットで体感した結論としては、体重は単純に摂取したカロリーに比例します。付き合いや営業の接待で、ダイエットしていてもどうしても夜に食べなくてはいけないこともあるでしょう。お酒を飲んでしまい、勢い〆のラーメン！ と食べ過ぎてしまうこともあると思います。私はこれを書いている一昨日も、新宿のゴールデン街で呑んだ後に豚骨ラーメンを食べました。神経質な人は「ああ、これで頑張っていたダイエットもおしまいだ！ もう明日になったらデブになってしまうんだ！」と沈み込んでしまうかもしれません。しかしそんなことはありません。確かに、次の日に体重計に乗ったら重たくなっているかもしれません。それは飲み食いしたもの自体の重さです。1日で痩せることができないように、1日でまた太るわけではありません。大量に食べても、またすぐに脂肪として蓄えられて太ってしまうわけではないのです。高橋尚子さんも1週間に一度ドカ食いしてよい日があり、寿司を50貫とかステーキとか食べていたといいます。オリンピック選手ですらドカ食いしているんですから、我々市民ランナーはそんなに気にすることはないと思います。食べてしまったら開き直って「また明日から頑張って走ればいいさ！」くらいに考えてよいと思います。

実際、レース前の12月から続く忘年会、新年会シーズンでも、私はそこまで食事制限はしません。飲み会に行ってお酒を飲まないのはストレスが溜まるので普通に飲みます。その他の食事を減らし、朝ジョグを増やして対処しました。おかげで、正月は元旦から皇居を走っていました。

本番レース時には55～56kgまで下げますが、現在、通常は58kgあたりを維持しています。もうその体重で安定しています。リバウンドの兆候はありません。リバウンドするのは結局、ダイエットのストレスと誘惑に負けてドカ食いを何日も続けてしまうからです。摂取効率が高まる云々は気にする必要はありません。

3 日頃のダイエットの成果をフルマラソンで試す

●人間の第一優先は糖質。脂肪は糖質がないと燃えない

フルマラソンの主なエネルギー源は、体内に貯蔵されているグリコーゲンと脂肪です。糖質1ｇは4kcalのエネルギーを生み出します。対する脂肪1ｇは7kcalで、エネルギー量も大きく、体内の貯蔵量も糖質よりはるかに大きいのです。では脂肪の方が多くエネルギーがあるなら、マラソンの時は全部脂肪を使えばいいじゃないか。そう思いますが人間のエネルギーシステムはそううまく機能してくれません。

人間の身体の第一優先エネルギーは糖質なのです。しかも糖質が燃えつつ、脂肪も燃焼させるようなうまい使い方をしないと糖質が底をつき、簡単にいうと長距離のランニングではバテてしまうのです。糖質と脂肪はろうそくの火と蝋《ろう》に例えてもいいと思います。火がついていないと蝋は燃えてくれません。糖質が完全に枯渇すると、脂肪を燃やす着火剤がなくなるということなのです。フルマラソンでスタートとともに全速ダッシュなんてしたら、その後、大変なことになるのはおわかりですよね。糖質は最後まで備蓄し続けなくてはいけません。糖質と脂肪を両方燃やすという、このバランスを崩さないでいかに速く走るかが鍵です。

糖質は骨格筋の中にグリコーゲンとして、血液中にグルコース（ブドウ糖）として存在しています。一般的にグリコーゲンは肝臓に１００ｇで２５０〜３００kcalほど、筋肉全体に３００ｇで１２５０〜１５００kcal、合計で身体の中にはおおよそ１５００〜２０００kcalが貯蔵されているといわれてます。骨格筋のグリコーゲンは筋肉の活動のエネルギー源となり、肝臓のグリコーゲンは血糖値の維持に使われます。体内にある糖質だけではフルマラソンを走り切ることはできません。テレビのマラソン中継で30kmあたりでガクンとペースが落ちるランナーが多いのは、筋肉疲労とともに、筋グリコーゲンが切れてエネルギーの枯渇が起きるからといわれています。

一方、脂肪は内臓と筋肉と皮下に蓄えられています。体脂肪計で家庭でも簡易的に測れますが、私が板橋ＣＩＴＹマラソンを走った時の56kgで体脂肪５・１％だと、脂肪の貯蔵量は２・８５kgとなります。計算では２万５６５０kcalのエネルギーになり、それを、マラソンの消費カロリーの計算式に当てはめて、56kg×42・１９５kmで割ると10・８５となります。つまり私の身体の脂肪は理論上、フルマラソンを10回以上走り切るエネルギーを貯蔵しているわけです。まあ、これも基礎代謝と同じカラクリで、体重が重いほど、太っていればいるほどマラソンを走り切る回数が多くなるという机上の空論だったりはします。

●レース前に身体内のグリコーゲンレベルを最大にする

私の場合、本番レースに備えてダイエットしながらの練習だったので、普段から低糖質食でした。ですのでレース10日ほど前からファットローディング※を取り入れます。脂肪ローディングといったらわかりやすいかもしれません。といっても、牛肉や豚肉の脂身を食べるわけじゃありません。朝食にアボカド、チーズ類、ナッツ類、オリーブ油、サーモン、牛乳などを中心に摂っていました。低カロリーだしダイエットも継続できるし、健康的ですよね。

レース3日前からは炭水化物を多めに食べます。いわゆるカーボローディングです。美味しいものを好きなだけ食べられる楽しい3日間。数カ月間のトレーニングで構築された走力を本番で存分に発揮できるように、徐々にトレーニングレベルを下げていき、疲労を抜いていきます。レース前の3日間はかなり練習量を減らしますから、そんな時期にたくさん食べたら太ってしまうのでは!?……と短絡的に考えてしまいますが、これは身体に脂肪がついて太るわけではありません。2~3日ほど食べまくったからといって、すぐに脂肪になってお腹や太腿のブヨブヨなお肉になるわけではないのです。主に筋肉中にグリコーゲンと水分が取り込まれるだけなのです。ゆえに、筋肉中にグリコーゲンが行き渡るまで最低1~2日は必要です。当日の朝にたくさん詰め込むのでは遅いのです。身体はそ

※ファットローディング…食事から摂る脂肪の吸収は徐々に行われるという特徴がある。取り込んだ脂肪は、皮下や内臓及び筋肉に中性脂肪として蓄積されるが、食後に運動することでインスリンの分泌が抑制され、脂肪は筋肉の細胞中にすぐ利用可能な形で蓄積される傾向を示す。その性質をうまく利用した持久力向上方法とされる。

の分、重くなりますが、フルマラソンを走り切るためのエネルギー的には大歓迎といってもよいでしょう。自動車と同じで、ガソリンを満タンに入れる感じです。車重は重くなりますが、長距離を走れるようになります。

私はレース前のお腹が空いた時期にあれやこれや考えて、これを食べたい！　というメニューをメモっておきます。2015年のサブスリー達成時の3日間のカーボローディングの中身は、日記を読み返すと、うな丼、ハンバーグカレー、カツ丼などでした。2016年もほぼ同じ。ただ、濃厚とんこつラーメンや天丼などの塩分濃度や油分がたくさんのものは控えるようにしています。塩分の摂り過ぎは体内の過度な保水につながり、浮腫《むく》みにもなりやすいのです。また、高脂肪だと消化するのに胃腸や肝臓が疲弊して体力を奪いがちです。

●レース当日の糖質補充の注意点

レース当日の朝は、肉や野菜はあまり摂らず、消化のよい炭水化物オンリーの朝食を摂ることにしています。大抵はお餅です。きな粉と砂糖の組み合わせや醤油と砂糖をまぶすことが多いですが、あまり味を濃くしてしまうと後で喉が渇き、水分が必要以上に欲しくなります。脂っぽいものやお腹がもたれそうなもの、胃が苦しくなったり、げっぷやおならなどガスが溜まりやすいもの、お腹が冷えたりするものでなければ、自分が普段食べているる好きなものをしっかり食べればよいと思います。そして、クエン酸を含んだ果汁100％のオレンジジュースを飲みます。クエン酸がグリコーゲン蓄積に一役買うのです。移動が長い場合、さらにレーススタートの2時間くらいまで、グリコーゲン補充を続けるために食べ物を持っていきます。私はぬれ煎餅と蒸しパンが気に入っているので、それらを持っていくことが多いです。電車移動の途中、少しお腹が空いたなと思ったら一口、二口ほおばります。水分は経口補水液ＯＳ—1をちょっとずつ飲みます。おしっこは最後にしてから3~5時間は保《も》つはずです。それ以外は緊張からくる頻尿感なので、私は全く気にしません。スポーツドリンクなどを飲むにしても、またトイレに行きたくならないように少量で済ますようにしましょう。どっちみち走り出したら給水所には水やスポーツドリンクが大量にあるのですから。

　スタート直前にエネルギー切れを心配するあまり固形物を食べるのはお薦めしません。私もスタートまで1時間を切るともう食べません。

●レース中の糖質補充は用意周到に

　ランニングを開始すると、ストレス反応が起きてアドレナリンやノルアドレナリンが分泌されます。脈拍が上がり、※交感神経が優位になると、脂肪や糖がエネルギーとして血液中に放出されます。このような状態になると、糖質を飲んでもインスリンはすい臓から放出されません。運動を始めるとインスリンの分泌は抑えられるのです。胃腸に消化の負担を掛けない程度に吸収しやすい糖質を摂ることで、運動持続時間が長くなることがわかっています。

かなり人が集まる公認大会では、大体5㎞毎にスポーツドリンクやバナナ、パンなどが用意されていることも多いので、少しずつ糖質を補給することも可能です。もちろん自己ベストを狙うレースの場合、補給しまくっていたらタイムロスになりますから必要最小限で済ませましょう。気に入った高カロリーのバーやジェルなどを携帯するのもアリだと思います。以前フルマラソンで途中でずいぶんお腹が空いてしまい、身体に力が入らない感覚になってペースダウンした経験もあって、私も好みのジェルを、お守りのようにランパンに2本ほどつけて走っています。塩タブも4錠ほど持っていることが多いです。こちらはふくらはぎやハムストリングスの痙攣防止です。漢方薬の芍薬甘草湯を携帯する人も多いようですが、私は塩タブで十分効果があるので愛用しています。これらで後半の失速をある程度抑えられるのなら、それに越したことはありません。

吸収の早いジェルの場合、主な成分はマルトデキストリンで、胃は素通りして小腸から

※**交感神経・副交感神経**…内臓を支配する神経。一般に、交感神経は身体が活発に動く時やストレスを感じて緊張している時に、副交感神経は休息して気持ちがリラックスしている時に働く。主に昼間は交感神経が働き活動しやすい状態になり、夜は副交感神経が働き疲労やダメージを回復する。

吸収されます。血糖値の上昇具合から見ると、飲んでから代謝が行われ始めるのは15分程度に思えます。ただ興味深いのは、口に何か糖分を含んだだけで脳は錯覚して血糖値を上昇させるのです。甘い味のする歯磨き粉やうがい薬だけでも上がります。含まれているカフェインもおおよそ5～10分程度で効き始めるようです。しかし、ジェルを飲もうとすると、いくぶんペースが落ちてしまいます。さらに下手に扱うと手にジェルがついてしまい、ベタベタになって辛いです。中には、ジェルといってもピーナッツバターレベルに粘つくモノもあるので、飲み込みにくい人もいるでしょう。色々試してみて自分に合うかどうか判断してください。ゼッケンの後ろに貼りつけたり、アームカバーやウエストポーチに入れている方もいますが、人によっては煩わしいと感じるかもしれません。

しかし反論材料もあります。箱根駅伝で「山の神」といわれ、トヨタ自動車九州に所属する今井正人選手※が2時間7分台を出した2015東京マラソン後のインタビューで、糖分の入ったドリンクを飲むとボーッとしてしまって力が出なかったので、補給を単なる水に変えたら調子がよくなったと語っています。

それまでは最初の給水は水かお茶で、20㎞くらいで糖質の入っているスポーツドリンクだったそうなのですが、その摂り方だと「乾いたスポンジに水をあげた時に、パッと広がるのと同じ効果。つまり、体の中の糖がなくなったところに糖分を入れると、血糖値が急

※今井正人…2000年代中盤の箱根駅伝5区での3年連続区間賞と活躍し「元祖・山の神」といわれる。以後は実業団のトヨタ自動車九州所属。世界陸上北京大会の男子マラソン代表に選ばれたが髄膜炎で出場辞退した。2015年東京マラソンで2時間07分39秒で日本歴代6位を出す。

激にバンと上がる。一瞬はいいが、その後すぐにガンと下がる。その結果、脳と足が動かなくなり、後半の失速につながっていた」そうなのです。練習中に色々と試したらしく「以前から40km走という練習の中で、20km地点で甘いスポーツドリンクをもらうと、30km過ぎにお腹が減って、お腹の中がかゆくなるようなエネルギー切れの症状が起きていた」。そこで、五輪選考会後の初レースで、水にしたらどうかと試したら、意外にも頭の中がすっきりとした状態でゴールできたそうです。

「もちろん足はきつかったが、脳みそというか、考える力は生きていた。それ以前は足も身体も全部きつくて、失速しだしたら何をやっても体も足も動かせなかった。水にしたおかげで、動かそうとすれば最後まで動く感覚が出るようになった」

また現在コメンテーターなどで活躍の元世界陸上パリ大会マラソン日本代表の千葉真子※さんがNHKの『ディープピープル』（2011年）という番組の有森裕子さん、山下佐知子※さんとの鼎談で「私、スペシャルドリンク、水なんです！　水はさっぱりしてるから……。ですから、わざわざ混み合うスペシャルテーブルで取らないんです。わざとゼネラルテーブル（大会で用意した水）に行きます」と話していました。

私が考えるには、今井選手の場合、グルコース・スパイク（血糖値スパイク）という症状が出たのだと思います。食後（この場合、補給後）の血糖値と空腹時の血糖値の差が非

※**千葉真子**…1997年の世界陸上アテネ大会では10000mで、2003年のパリ大会ではマラソンで、それぞれ銅メダル獲得。北海道マラソンで三度の優勝。
※**山下佐知子**…1991年世界陸上東京大会の女子マラソンで銀メダル。バルセロナオリンピック出場後、指導者として活躍。第一生命・女子陸上部の監督を務め、尾崎好美や田中智美らを育てる。

常に大きく乱高下することでガクンと脳の集中力が欠如します。私も20㎞くらいですと水か、それともほぼ補給なしで行けます。むしろその方が調子がいいのです。しかし、その後に高糖度のエネルギージェルを補給した後のコントロールがしにくいのです。血糖値の乱高下をコントロールすることがフルマラソンでは大切だと感じています。今井選手や千葉さんみたいに水分だけで走りきれるのならそれがよいでしょう。エネルギージェルなどを摂る場合でも、血糖値がガンと上がってガクンと下がった時の脳が感じる疲労感や身体の倦怠感を抑えるには、やはりエネルギーの枯渇が起きる前から5㎞もしくは30分おきに少量の糖質を補給し続けるなど工夫が必要だと思います。

あとがきにかえて
素質を決めるのは自分の心の限界値を決めること

前著『走れ！マンガ家ひぃこらサブスリー』を上梓してから、ありがたいことに色々な出版企画のお話をいただきました。何社か打ち合わせをさせていただきましたが、やはり出版社によってカラーが違っていて勉強になることばかりでした。

楽しいのはやはりご自分でも走られている編集さんとの打ち合わせです。話も盛り上がるし、私も身振り手振り足振りでテンション高めに応じたりします。しかし、私のサブスリー達成を間違いなく素質だと決めつける方もいました。

確かに、前著の書き方は誤解が生じても仕方がないと思います。大会に出るまでに走力が上がっていく過程を書けばよかったのでしょうけれど、タイトルに「サブスリー」を掲げたために、サブスリーのガチ練習に特化した内容になりました。そこまでの努力過程は端折ってしまったために、急に速くなっている印象になってしまった部分があるかと思います。

「いやあ、ほんの数年前まで私は本当に足が遅くてですね……」

とその編集さんに言っても信じてくれません。

「持って生まれたものですね。うらやましいです」

「はは……、そんなことはないですよ」

私はやんわりと否定しました。

「そもそもどうやって走っていいのかわかっていなかったから、ケガばかりしていました。そこでランニングフォームを洗練することに専念しました。その後はインターバル走やロング走をやりました。これは苦しく辛かったです。ペースについていけず集団から脱落しました。しかし、何度も繰り返すうちに徐々に心肺機能が上がり、また体重は減ってきたことで何とかついていけるようになってきたのです。それらポイント練習のくだりは『ひぃこらサブスリー』では、ほぼ省略していますが、実際には1週間に2回のキツい練習はとても厳しく、常にケガとギリギリで、うんざりするくらい長い道のりだったんです」

と、練習方法を少し説明しました。しかし彼は浮かぬ顔です。

「やっぱり才能が開花したということですかね。みやすさんは遅咲きだったということで……」

彼はフルマラソンを3回走っており、1回目は5時間、2回目と3回目は4時間半だったそうです。

「私も最初7時間でした。その次が6時間。私より成績いいじゃないですか」

彼は窓の外を見つめつつ、つぶやきました。

「僕がどんなに練習したってみやすさんのようにはなれませんよ。だって才能が違うんだから……」

私は困ってしまいました。なんだろう、この人は。私の出版企画を通そうとしているのだろうか？　それとも単に嫌味の一つでも言いたくてこの場に呼びつけたのだろうか……。

そもそも、練習してから言ってくださいよ……。

「わかりました。ではフォームを変えるとどれだけ楽に走れるようになるのか一緒に練習をやりませんか？　それ自体も本の内容に付け加えてもおもしろいかもしれませんし」

と提案したのですが、

「それは、いいです……。みやすさんも遅い人間と走ってもおもしろくないでしょう？」

どうやら根底には以前、箱根駅伝で優勝した某大学の駅伝部の監督からの一言があったようです。

「結局さ、素質なんだよね。ウチが勝てたのは他校よりその年たまたま素質があるランナーが多く集まったから。高校からスカウトする子だって結局、素質しか見ないよ。速く走れる子」

陸上競技の世界では、結果を出した選手が、ほとんど指導やトレーニングの勉強をせずにコーチになり、矢継ぎ早に結果を求められるのが現状です。学生を指導してそのまま高校→大学→実業団と順繰りに上に送り出している。どこどこの大学にどれだけ送り込んだかがそのコーチの実績となります。結果、一番手っ取り早いのはどれだけ指導で伸ばせるかではなく、どれだけ強い選手を入れられるかが最重要課題になってきます。

確かに、大学は卒業まで4年しかないし、遅い子を入部させて地道に育成するより、速い子をもっと速くした方が合理的です。ただ、一般市民ランナーがその目線でやっちゃうと身も蓋もない話になります。一般市民ランナーの目指すところは自己ベストへの挑戦です。自分がどれだけ頑張れるかです。優勝を狙える位置でレースをするなんて一握りのエリート。目指すのは己との戦いに他なりません。

マラソンは、明るく健康的なイメージがあります。多くの市民ランナーが、笑顔で大会に参加して楽しんでいます。しかし、自己ベストを目指すランナーは、結局、日々の泥臭い地味な練習をこなしてなんぼ。それがマラソンという競技の核心であり、真髄だと思います。そして、多くの市民ランナーが掲げるのはサブ3、サブ3・5、サブ4という目標設定です。そこを、生まれ持った素質で走れるスピードは決定していると短絡的に考えてしまったら、キツイ練習をしても報われない可能性もあるとしたら、ほとんどの人は苦しい思いまでして走らない方が合理的という結論に達してしまいます。やらない理由は腐るほど思いつきます。私の周りでも仕事や結婚、子育てなど理由をつけてランニングをやめていった人たちはたくさんいます。常に目標に向かって走り続ける、その覚悟は棘《いばら》の道です。なぜキツく辛い練習をし続けるのか。それは、記録を更新した達成感を味わいたいからです。ランナーはその何物にも代えがたい喜びを知っているからです。

「素質だよ。才能だよ」

そう決めつけることで何か自分に満足感が生まれるのでしょうか。それは自分が作り出した、心の限界値ではありませんか。結局、マラソンは過去の自分との戦いです。ライバルは永遠に過去の自分なのです。他人の素質を気にする前にやることがあるのではないでしょうか。アーサー・リディアード氏も「そのランナーの素質は、ちゃんとしたトレーニングを数年続けて初めてわかるものだ」と述べています。ほとんどのランナーは大きな可能性、ポテンシャルを残しています。まだ自分でも気がつかない、成長する可能性が眠っているのです。実際、走り続けているラン友さんは皆、結果を出して自己ベストを更新し続けています。

自分にどこまで時間とやる覚悟があるのかを明確にしましょう。これは根性論ではありません。根性や気合いというものは持続性がありません。覚悟とは計画を立てて実行するものです。

本番レースだけ頑張るのなら大して時間は取られませんが、マラソンの場合、その準備に多くの時間が割かれます。当然、LT値やVO_2maxを上げるという速く走るための理由もありますが、42・195㎞という長い距離を走るのに耐えうるだけの身体を構築しなくてはいけません。

「継続は力なり」といいますが、「持って生まれた才能」と「継続できる力」を比べた場合、往々にしてマラソンにおいて最後に勝つのは「継続できる力」です。その中には「ケガをせずに」継続できる力も含まれます。継続することに強い意志はさほど必要ありません。重要なのは「習慣化すること」です。習慣化できるような環境の中に自分の身を置くのです。ランニングクラブに加入するもよし、通勤ランをするのもよし、イベントに参加するのもよしです。

もちろん持って生まれたもので変えられないものは色々あります。性別、年齢、身長。後天的要素ですが、過去のスポーツ歴は大変重要です。若い学生時代に多くランニングをやっていた場合、マラソンには有利に働く可能性が高いです。しかし、遅くから走り始めたとしても、努力によって向上するものはかなりあります。月間走行距離、練習の質、体重（体脂肪率）など。というか、努力がそのまま実る場合がマラソンの場合とても多いスポーツといってもよいでしょう。

チェス、バイオリン、テニス、数学など、世界中のトッププレーヤーたちを、30年以上にわたって科学的に研究した、フロリダ州立大学のアンダース・エリクソン教授が導き出した結論は「どんな能力も生まれつきの才能ではなく学習の質と量で決まる」という法則でした。つまり、能力の高い人ほど練習時間が長いことがデータで導き出されたのです。平たくいうと、能力とその練習時間は比例するということです。マラソンにおいてもその現実は変わりません。「たったこれだけの距離と練習でサブスリーが達成できますよ」という類いの指導書やコーチの発言を見かけますが、その甘言に乗ってはいけません。よっぽどの天才という自信があるならまだしも、どちらかというと凡人なんだよなぁ……と自覚されている方は、月間走行距離を多くするに越したことがないのは明確です。

上司や同僚との付き合いの飲みの席、恋人とのデート、育児の時間、仕事の残業、大好きなラーメンの食べ歩き、映画鑑賞、テレビを観る時間、飲み会の時間……。どれだけの時間をランニングという退屈で単純でキツい作業と引き換えにできるかということです。

前著でサブスリーを達成する前には朝と夕方の二部練を行ったと書いたら「そんなのサラリーマンには無理だ」というコメントもいただきました。ではサブスリーを達成している人は、時間を作れる自営業ではないと駄目なのでしょうか？　サラリーマンでも通勤ランなどで走る距離や時間を確保している人はたくさんいます。というか、サブスリーを達成している人のほとんどは暇人などではなく、日々、会社に通勤して夜まで仕事をしているサラリーマンの方だと思います。「無理だ」その一言で終わらせずに、「ならば、どのように工夫したら走れるんだろう？」と自問自答してほしいのです。

多くの人がなかなかモチベーションを維持できず、日々を無駄に過ごしているものです。モチベーションはお金で買えるものではありませんが、やりくりの仕方でランニングの時間は取れるものです。時間はできるものではなく作るもの。「オレ忙しくてさ……」そのような人に限ってゲームやSNSをやるために、スマホにずいぶん時間を割いていたりするものです。それについて尋ねると

「ストレス解消だよ。そのくらい、いいじゃない」

もちろんいいんですけれど、目標からは遠のくと思ってください。

ただ、間違って欲しくないのは、私は勝ち組とか負け組という言葉は好きではありません。人生に勝ち負けなんてないと思います。強いて言うなら「楽しんだもん勝ち！」でしょうか。マラソンでいうなら完走を目標、また仮装やエイドを楽しむのも全然ありです。人には色んな人生があって、速く走れる人もいれば、ゆっくりと歩んでいく人もいます。どっちが正しい、すごい、偉いとかではありません。途中で疲れたら立ち止まったっていいんです。ただ「ここぞ！」っていう時に目標に対して真正面から向かっていけるか、それと

も腰が引けてしまって後で言い訳するかで楽しさは変わると思います。

私自身、サブ4、サブ3・5などの中間目標は掲げませんでした。最初からサブスリーを目指したのです。できると信じていました。できたらいいな、じゃなくて「できる」です。どうせできないよ……では何も始まりません。人は無謀だったなと気がつくのは挑戦を終えてからでいいと思います。やってみて、それが終わって「ダメだった。でも貴重な経験ができた。しょうがないや」それでいいと思います。

所属しているクラブのメンバーとのダウンジョグで「やっぱりマンガ家だからさ、〆切り感覚とかあったんじゃないの？　いつまでにサブスリーを達成しよう、なんて普通思わないもの」と先輩Tさんに言われて、自分でも腑に落ちた気がします。「いつか達成するんじゃないかな」という計画性では大体なし崩しになります。目標とする大会、この1年に賭けるという意気込みが必要です。

ダイエット……、体重制限についても自己管理が必要になります。

「30kgの減量なんてすごいですね。いやあ、僕は食べるのが好きで、ついたくさん食べちゃうんですよね」と、ずいぶん言われました。

私もご飯大好きですよ。そして大の酒好きです。我慢するのは辛いけれどしょうがない。サブスリーという目標を達成するためなんだから割り切ろうと思いました。人生、割り切りが大切です。メリハリといってもいいかもしれませんね。私の場合、ダイエットしたのは速く走るためというのが目的だったわけですが、痩せたい人はなぜ痩せたいのか目的をハッキリさせた方がよいかもしれません。なぜなら、ダイエットは手段であって目的ではないからです。健康になりたいから、モテたいから、細身のスーツを着たいから……。何でもいいんです。

85kgから55kgまでのダイエットは前著でも反響がかなりあった部分だと思います。私の場合、単純に消費カロリーが摂取カロリーを上回るようにしただけです。最初は、習慣になっていた甘い飲み物、食べ物をカット。それでかなり落ちました。その後はデンプン質を抜きました。ご飯、うどん、そば、パスタなどの麺類、後はパンですね。他はけっこう満腹感を感じるまで食べました。

逆説的なことを書きますが、マラソンの練習についてもダイエットについても、私は実はかなり適当です。雨では走りません。つまみ食いもよくします。わざとちゃらんぽらんな部分を設けているといってもいいかもしれません。生真面目な人ほど練習がうまくいかないとガッカリしてしまうのです。

自分はこんなに努力しているのに結果が出ない。予定に決めたスケジュールで練習しないと気がすまない。高強度の練習をした後にガクンと燃え尽き症候群になってしまった。

皆さんも思い当たる節はありませんか。私は練習に失敗しても「でもこういう面についてはいい経験になった」とか「本番前にこういうことが起きてよかった。修正できる」とプラス思考で捉えます。努力の過程で何が自分に得られたかを考えるのです。

ダイエットもそうです。生真面目な人ほど毎日、しかも朝晩に体重計に乗っては増えた、減ったと一喜一憂を繰り返しているのです。それでは気が滅入ってしまい、続かないのもわかります。

極度の節制はストレスを溜め込みます。ご褒美日を作りましょう。そうでなくては気持ちが続きません。マラソンは趣味です。趣味のためにピリピリと神経質になって他人に当たったりしたら最悪です。

理由と覚悟ができたら自分を信じて頑張るのみです。練習を続ければ、必ず結果はついてきます。

正しく合理的な練習、これが大切です。前出のアンダース・エリクソン教授の法則ですが、一つ付け加えるべき部分があります。それは、練習には必ず「自分の能力を少しだけ超える負荷を掛け続ける」ということです。野球でいう千本ノックやら血ヘドを吐いてブッ倒れるような度を越した激しい練習や、一挙にすごい長距離を走るような無謀な練習は必要ないし、故障を誘発するのでやるべきではありません。ちょこっとずつ負荷を掛けた練習をし続ける。これが最後にモノをいうのです。漸進性過負荷の原則。筋トレでも基本中の基本ともいえる法則ですね。

アテネオリンピック金メダリストの野口みずきさんの名言「走った距離は裏切らない」ですが、これも「正しいランニングフォームで合理的に練習した距離は裏切らない」ということになるでしょうか。

そして最後に厳しいことをいうようですが、しっかりと準備ができなかったら目標を語る資格はありません。練習もできていないのに根拠のない自信だけで目標を語ってはいけません。フルマラソンは天性のセンスがものをいう競技ではなく、地道な練習と努力こそが結果を約束してくれる競技です。5㎞の走力を上げて、10㎞の走力につながります。10㎞の走力が20㎞に、20㎞の走力が30㎞、そして42・195㎞の走力につながります。準備をするということは言い訳を潰すということです。

「俺、太ってるから速く走れないんだよ」

「最近仕事がさ、忙しくて練習する時間が取れなかったんだよ」

「体調が風邪気味でさ、もう失速しちゃったよ」

それでなくてもフルマラソンは当日の天気や気温、強風など、多くの条件に左右される競技です。天気一つとったって、その日は雨になるかもしれないマラソンを走ろうと思ってエントリーしたわけなんだから自分のせい。その日によい体調を維持できなくて風邪を引いてしまったのも自分のせい。悪いかもしれない条件を一つ一つ練習と日頃の節制と気持ちで潰していく。これもフルマラソンの醍醐味といっていいでしょう。

マラソンに限らずですが、ものごとを成功させるには四つの要素が大切になってくると思います。コツコツと一つのことをやり続けることができる人は、必ず最後は勝つのです。

①日々の練習を続ける継続性
②徐々に自分の限界を上げていく漸進性
③自分の生活の中に練習を組み込んでいく計画力
④目標に向かって計画をやり遂げる遂行力

最後まで本を読んでいただいた皆さん、本当にありがとうございました。これからもキツくも楽しいマラソンへの道を頑張りましょう!!

みやすのんき　２０１７年1月10日

著者：みやすのんき

昭和37年11月1日生まれ。東京都出身。
中央大学商学部会計学科卒。入学してすぐに行われた簿記4級の試験に落ち、早々と公認会計士の道をあきらめマンガ家を目指す。『やるっきゃ騎士』（集英社月刊少年ジャンプ）にてデビュー。『冒険してもいい頃』『桃香クリニックへようこそ』『厄災仔寵』など実写化、アニメ化多数。平成27年に『やるっきゃ騎士』が実写映画化、実用書『走れ！マンガ家ひぃこらサブスリー』を実業之日本社から出版。平成28年に『やるっきゃ騎士ベストセレクション2』を復刊ドットコムから、実用書『驚異の大転子ウォーキング』を彩図社から出版。趣味は史跡めぐり。

装丁・本文デザイン／秋庭崇（Banana Grove Studio）
DTP／BGS制作部（Banana Grove Studio）
編集／磯部祥行（実業之日本社）

「大転子《だいてんし》ランニング」で
走《はし》れ！マンガ家《か》53歳《さい》でもサブスリー

2017年2月10日　初版第1刷発行

著　者 …………… みやすのんき
発行者 …………… 岩野裕一
発行所 …………… 株式会社実業之日本社
〒153-0044 東京都目黒区大橋1-5-1クロスエアタワー8階
電話【編集部】03-6809-0452
【販売部】03-6809-0495
http://www.j-n.co.jp/
印刷・製本 ……… 大日本印刷株式会社

ISBN 978-4-408-11207-7（第一趣味）